Fördern und Fordern

Lesen! Lesen!

Texte und Erarbeitungen
zur Lesetechnik und zum Leseverständnis
mit Schwerpunkt 2. Schuljahr

Mildenberger Verlag

Bestell-Nr. 1200-10 · ISBN 978-3-619-12100-7

Internetadresse: www.mildenberger-verlag.de
E-Mail: info@mildenberger-verlag.de

Auflage Druck 4 3 2 1
Jahr 2010 2009 2008 2007

Illustration: Ingrid Hecht, 30163 Hannover
Druck: EH-Druck, 77716 Haslach i. K.

Alle Drucke dieser Auflage sind unverändert
und im Unterricht parallel verwendbar.

Inhalt

Die Überraschung war groß,

als in den PISA-Untersuchungen unseren Schülerinnen und Schülern in Sachen Lesen ein nicht sehr erfreuliches Zeugnis ausgestellt wurde. Vielleicht war aber die eigentliche Überraschung die, dass die Lehrkräfte nicht erkannt hatten, was die Kinder tatsächlich konnten. Ganz ehrlich: Auch ich gehörte zu denen, die aufgrund fehlender objektiver Messungen den Stellenwert des Lesens als Voraussetzung allen Lernens nicht richtig einordnen konnten, und dem Schreiben und Rechtschreiben ab dem 2. Schuljahr mehr Bedeutung zugemessen haben als dem Lesen.
Wenn festgestellt wurde, dass heute jedes vierte Kind an verzögerter Sprachentwicklung leidet, und die frühen Ursachen dafür vielfach in den Elternhäusern zu finden sind, so ist das lediglich eine beklagenswerte Diagnose. Therapien sind gefragt! Lesebücher liefern nur bedingte Hilfe, ist doch deren Ausrichtung in erster Linie zur Vermittlung von Inhalten und Sorten von Texten angelegt. Handlungsorientierte Arbeiten zu Lesetechniken und Übungen zum Leseverständnis wie schreiben, malen, markieren, schneiden und kleben sind dem Buch versagt. Daher wollen wir mit den vorliegenden Materialien sinnvolle und festigende Ergänzungen liefern.
Über ein ABC-Heft als Wiederholung von Vorwissen geben wir Ihnen als Einstieg einige Übungen zur Lesetechnik an die Hand, die im Erstleseunterricht eines der wichtigsten Lernziele darstellt. Hier sollen jedoch die Sinnerfassung von Texten und die Weckung von Lesefreude vorrangige Zielsetzungen sein. Ein Leitgedanke zu den Texterschließungen war immer die Hinführung der Kinder zur Genauigkeit, also die starke Ausrichtung auf Wahrnehmung und Konzentration. Dabei setze ich verschiedentlich immer wieder das „Buch im Buch" ein, eine überaus motivierende und erfolgreiche Möglichkeit, Kinder auch außerhalb der Schulzeit zu „arbeitendem" Lesen zu animieren. Wenn Sie zu diesen Materialien die Angabe „Schwerpunkt 2. Schuljahr" finden, so soll damit angedeutet werden, dass Grenzen nach unten und oben (aus vielerlei Gründen) nicht abgesteckt werden können. Die Unterlagen sollen auch keineswegs als Lehrgang verstanden werden. Ihnen allein ist es überlassen, die Arbeitsmöglichkeiten in einen fördernden, fordernden und somit differenzierenden Sinne einzusetzen.
Wenn diese Unterlagen dazu beitragen, bei den Ihnen anvertrauten Kindern nachhaltige Leseerlebnisse auszulösen und ein Stückchen die Erkenntnis vermitteln hilft, dass man Lesen nur durch lesen lernt, dann wäre eine Menge erreicht. Und das wünsche ich Ihnen.

Angelika Rehm

Schneide die Puzzle-Teile aus und setze sie richtig zusammen. In die Leerzeilen kannst du noch etwas dazuschreiben.

Bücher spannend finde.

lernen.

Tiergeschichten.

vorlesen.

liebsten lese

mir gerne von

Am

Ich lasse

Abenteuerbücher

interessieren

Bei Comics brauche

meiner Mutter

mich

ich nicht so

weil ich

kann man viel

ich

Ich lese gerne,

Aus Büchern

am meisten.

viel zu lesen.

Ich lese gerne ______________________________

Ich lese gerne ______________________________

A B C D E F G H I J K L M N O P Q R S T U V W X Y Z

X Y Z

1. Umfahre **X-Wörter** blau, **Y-Wörter** rot und **Z-Wörter** gelb.

HEXETAXIBABYPYRAMIDE
ZEBRAZANGEPONYZIEGE
DYNAMOZELTBOXERTEXT
AXTLABYRINTHZOOZIRKUS
ZAHNZUGZEUGYAK

2. Schreibe zu den Bildern die Wörter mit **y**.

16

Das ABC-Heft

Verbinde die Buchstaben

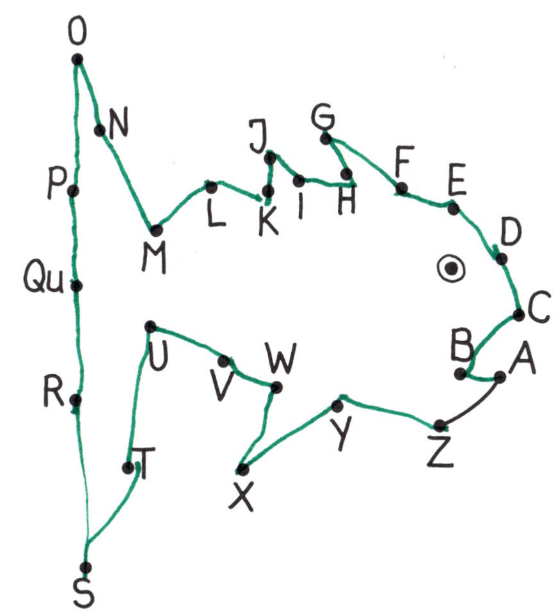

Name: ____________

A B

1. Verbinde die Wörter mit den Bildern.

Anker
Ananas
Ball
Birne
Banane
Bett
Antenne

Baum
Bild
Ast
Ameise
Ampel
Apfel
Buch

2. Kreise **A a** und **B b** ein.
3. Schreibe die **A-Wörter** und die **B-Wörter** in dein Heft.

W

Schreibe die **W-Wörter** in die richtigen Kästchen.

Wetter
Wind
Wildschwein
Wagen
Wurm
Wolke
Wurst
Wald
Wiese

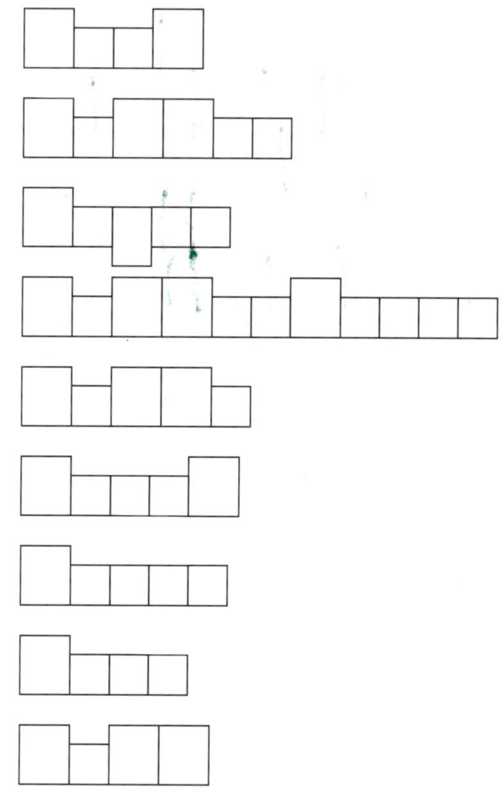

A B C D E F G H I J K L M N O P Q R S T U V W X Y Z

U V

1. Ordne die **U-Wörter** nach dem Alphabet.
   Schreibe sie geordnet auf.

Uhu **Ufer** **Uhr** **Unglück** **Urlaub**

2. Verbinde.

Veil	vier
Vo	kan
Vam	chen
Va	gel
Kla	ter
Vul	se
Va	pir

14

CD

C

1. Unterstreiche die Mädchennamen rot und
   die Jungennamen blau.

ClemensClaudiaCarinaClaraClaudius
CarloClementineCorneliusCaroline

D

2. Lies den Satz und kreise alle **D d** ein.

DreidickeDackeldüsenmitdreidünnen
DrachendreiRundendurchdendichten
Dschungel.

3

E F

E

1. Verbinde die Silben.

F

2. Verbinde und schreibe die sinnvollen Wörter in dein Heft.

F • • ulm • est • aden • ell

f • • alm • ressen • ett

f • • allen • roh • leh

F • • ilm • amt • ass • oto

S T

Welches Wort steht im Alphabet davor, welches danach? Denke an den dritten Buchstaben. Schneide die Wörter aus und klebe ein Wort davor und eines danach auf.

	Sonne	
	Senf	
	Sirup	
	Salz	
	Suppe	
	Tomate	
	Tante	
	Tinte	
	Tee	
	Tulpe	

Qu R

Qu 1. Verbinde.

Ein Frosch	qualmt.
Das Schwein	quatscht.
Die Tante	ist im Aquarium.
Der Schornstein	quengelt.
Der Fisch	quiekt.
Ein Kind	quakt.

R 2. Lies die Wörter und klebe die passenden Bilder aus dem Anhang dazu.

Rose:		Rollschuh:	
Rucksack:		Rabe:	
Roller:		Rutsche:	
Ring:		Roboter:	

12

G H

GABELHERZHOSEGEIGEHECKEHALS

GUMMIHEFTHASEGIRAFFEHAMSTER

HIRNGLASHUMMELHAHNGEIST

HABICHTHIMMELGRASHEXEHAND

GITARREHAMMERHUNDGASTHILFE

HEIZUNGGLÜHWÜRMCHEN

1. Fahre den ersten Buchstaben jedes Wortes farbig nach. Was fällt dir auf?
2. Schreibe die **G-Wörter** und die **H-Wörter** in dein Heft.

5

I J

Male einen Igel.
Male einen Indianer.
Male eine Insel.
Male ein Paar Schier.

1. Lies den unten stehenden Satz.
2. Schneide die passenden Bilder im Anhang aus und klebe sie auf.
3. Male das Bild fertig.

Der junge Jäger Jahimo jagt im Juli in Japan jeden jaulenden Jaguar.

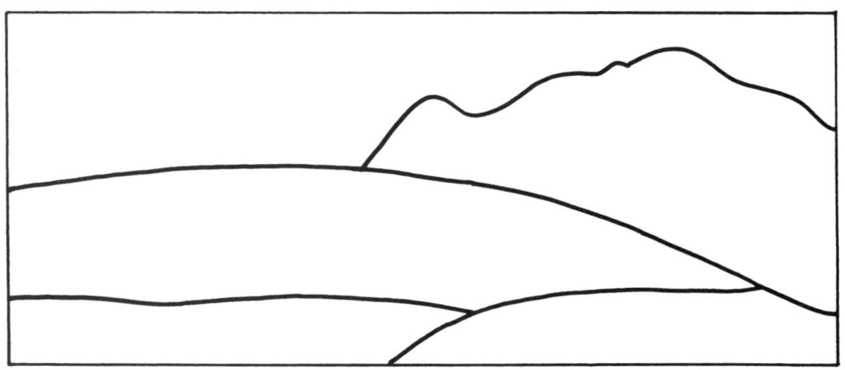

Zum passenden Bild oder Wort vor- oder zurückspringen.

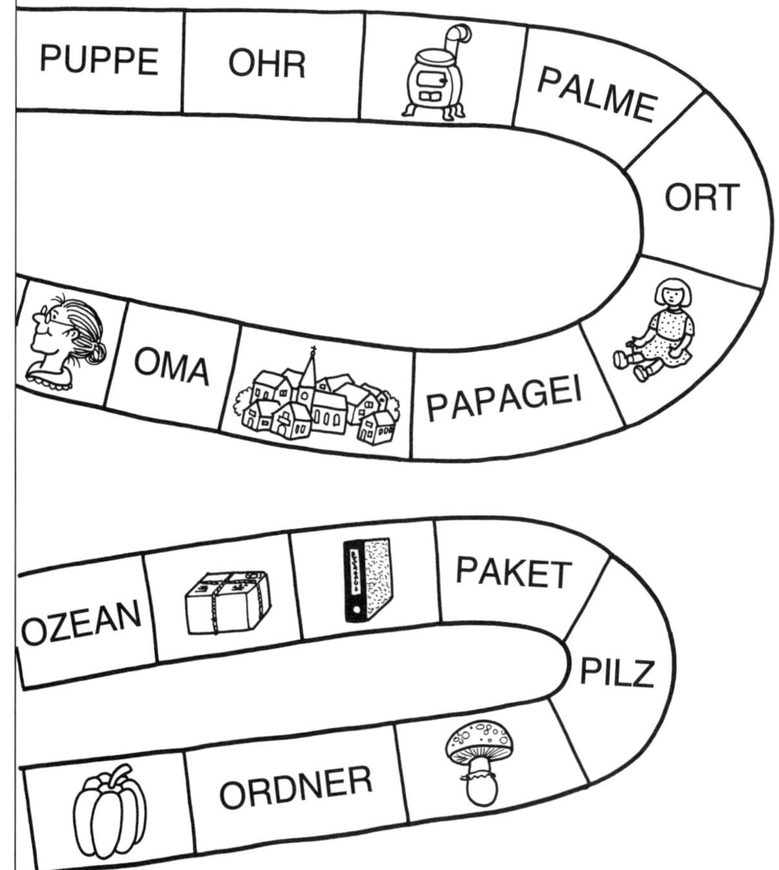

A B C D E F G H I J K L M N O P Q R S T U V W X Y Z

O P

Würfelspiel (für 2 – 3 Kinder)

Würfeln; dann um die gewürfelte Zahl an Feldern vorrücken.

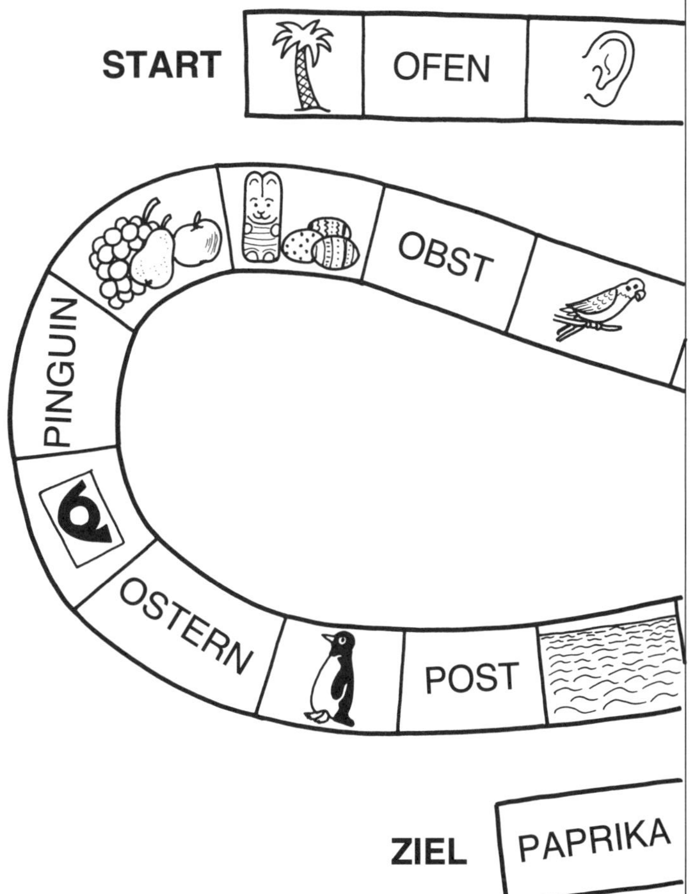

10

K L

1. Lies die folgenden Sätze genau.
2. Kreuze die richtige Antwort an.
3. Kreise **K** und **L** farbig ein.

- ☐ Krokodil Karl kaut klebrige Kekse.
- ☐ Krokodil Karl kaut kräftige Knochen.
- ☐ Krokodil Karl kaut klitzekleine Krümel.
- ☐ Krokodil Karl kaut kleine Käfer.

- ☐ Klein-Karin kauft Wein und Kuchen.
- ☐ Klein-Karin kocht Kürbis und Kohl.
- ☐ Klein-Karin kauft Kaugummis.

- ☐ Lisa läuft als Zwölfte.
- ☐ Lisa läuft als Längste.
- ☐ Lisa lacht als Elfte.

- ☐ Leuchten null Lampen?
- ☐ Leuchten zwölf Lampen?
- ☐ Leuchten elf Lampen?

7

M N

Findest du waagrecht und senkrecht Wörter mit **M** und **N**?
Färbe sie ein. Es sind 15 Wörter mit **M** und 15 Wörter mit **N**.

N	O	R	D	E	N	C	D	B	W	S	O	N	E	S	T	H
U	T	S	R	O	P	N	A	S	E	T	M	I	S	T	E	G
N	M	M	M	N	M	E	N	S	C	H	M	O	N	D	I	N
E	A	A	A	M	N	A	S	H	O	R	N	M	L	K	J	I
T	U	R	M	N	I	K	O	L	A	U	S	O	N	Z	M	X
Z	E	M	A	T	R	S	M	E	E	R	P	M	E	U	Ü	E
J	R	E	K	U	N	A	G	E	L	H	Q	A	B	X	T	A
M	I	L	N	A	D	E	L	H	F	G	R	U	E	Y	Z	S
U	H	A	L	V	N	N	O	T	E	C	W	S	L	T	E	N
S	G	D	M	A	S	K	E	C	M	O	T	O	R	A	F	W
I	F	E	X	W	M	L	K	D	M	E	S	S	E	R	T	S
K	N	A	C	H	B	A	R	E	M	I	L	C	H	B	W	S
D	C	B	Z	A	O	P	J	F	G	N	A	T	U	R	A	T
E	N	U	M	M	E	R	I	N	A	M	E	M	Ö	W	E	U

8 9

A B C D E F G H I J K L M N O P Q R S T U V W X Y Z

Seite 6

Seite 12

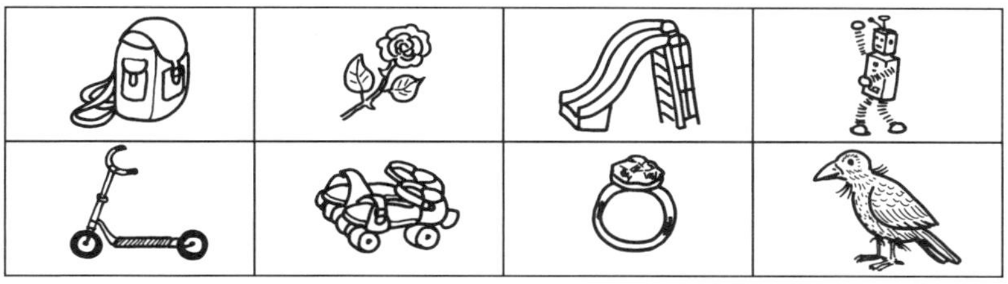

Seite 13

Sofa	Soße	Segel	Sessel
Siegel	Sitz	Sahne	Satz
Summe	Susi	Toast	Torte
Tafel	Tapete	Tier	Tisch
Teddy	Teller	Tube	Turm

Versuche, die langen Wörter ohne zu stocken zu lesen.

Wald
Waldglocken
Waldglockenblumen
Waldglockenblumenstrauß

Abenteuer
Abenteuerspiel
Abenteuerspielplatz
Abenteuerspielplatzbesucher

Luft
Luftballon
Luftballonwettbewerb
Luftballonwettbewerbsteil
Luftballonwettbewerbsteilnehmer

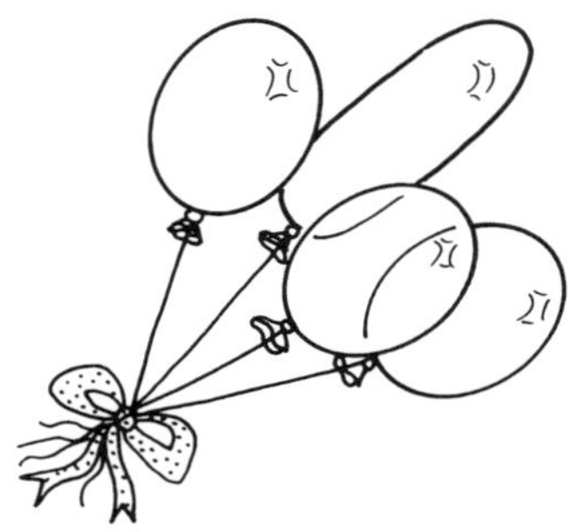

Donau
Donaudampfschiff
Donaudampfschifffahrtsgesellschaft
Donaudampfschifffahrtsgesellschaftskapitän

Versuche mal selbst, Wörter zu verlängern.

Butter *Papier* *Pausen* *Brot*

Schaukel *Platz* *Seil* *Spiel* *Kinder*

Lies die Abschnitte des jeweiligen Satzes. Übe so lange, bis du jeden Satz flüssig lesen kannst. Beende den letzten Satz mit deinen eigenen Worten.

Im Sommer
Im Sommer fahren wir
Im Sommer fahren wir mit unserem Auto
Im Sommer fahren wir mit unserem Auto an den See
Im Sommer fahren wir mit unserem Auto an den See und
Im Sommer fahren wir mit unserem Auto an den See und baden.

Mein Hund Bello
Mein Hund Bello rast
Mein Hund Bello rast mit unserem
Mein Hund Bello rast mit unserem Kater Strupp
Mein Hund Bello rast mit unserem Kater Strupp im Garten
Mein Hund Bello rast mit unserem Kater Strupp im Garten hinter einer
Mein Hund Bello rast mit unserem Kater Strupp im Garten hinter einer Maus her.

Eine
Eine riesige
Eine riesige Elefantenherde
Eine riesige Elefantenherde trampelt laut
Eine riesige Elefantenherde trampelt laut durch die
Eine riesige Elefantenherde trampelt laut durch die trockene Wüste
Eine riesige Elefantenherde trampelt laut durch die trockene Wüste auf der Suche nach ________________.

Male zu jedem Satz von AB 2 ein Bild.

Die Texte hören sich komisch an. Mache nach jedem Satz einen dicken roten Punkt.
Sicher weißt du: Nach jedem Punkt schreibt man ________________.

Pech gehabt

Die Kinder spielen mit ihrem Ball auf der Straße an der Mauer haben sie ein Tor aufgebaut auf dem Dach landet der Ball in hohem Bogen hat Uwe ihn geschossen nach einer Weile hat der Nachbar ihn geholt danach haben sie aufgepasst zum Glück ist nichts mehr passiert.

Am See

Heute sind wir den ganzen Tag am See im Wasser ist es warm draußen ist ein Floß mit einem Sprungbrett daneben sind zwei riesige Schwimmringe in der Nähe fährt ein Ruderboot mit einer Luftmatratze paddeln wir zum Floß mit unseren Schwimmflossen sind wir schnell wieder am Ufer zurück bleibt leider unsere Luftmatratze.

A B C D E F G H I J K L M N O P Q R S T U V W X Y Z

Als die Tiere ihre Stimmen bekamen

Ganz, ganz früher hatte kein einziges Tier eine Stimme wollten sie alle haben und so traf man sich im Wald, wo der Löwe als ihr König jedem eine eigene Sprache gab er zum Beispiel dem Elefanten, der Katze, dem Tiger, der Gans, der Maus und allen anderen an einem einzigen Tag war die Arbeit getan: die Katze konnte miauen, der Elefant trompeten, die Gans schnattern, der Tiger fauchen, sogar die Maus konnte aus ihrem Loch piepsen, doch auch mit allergrößter Kraft konnte sie die Eulen nicht aufwecken, weil Eulen am Tage schlafen, verpassten sie die Verteilung der Stimmen und so blieb ihnen aus dem großen Katalog der Stimmen nur noch eine einzige Sprache, die vorher kein anderes Tier haben wollte, war übrig und so heulen die Eulen noch heute ihr schauriges „huh, huh“.

Versuche den Text so zu lesen, dass das Eingerahmte das Satzende und auch der Beginn des nächsten Satzes ist.
Unterstreiche das Wort oder die Wörter, die du zu Beginn eines neuen Satzes betonen würdest. Du musst den Text dabei laut lesen!

Welche Stimmen hat der Löwe den Tieren gegeben? Schreibe so:

Die Katze miaut. ______________________________

____

____

Am nächsten Tag kamen noch viele Tiere, die auch eine Stimme haben wollten.
Findest du die Tiere und die Stimmen aus dem folgenden Buchstabensalat heraus?

ENTENSRBIENENTWQUAKENSUMMENRSUPFERDESEFRÖSCHEÄP
MUHENSTZISCHENTNSCHLANGENNAÜDGRILLENSILWIEHERNNRT
KÜHEHÜSCHNATTERNERNSILZIRPENPE

Lies die Geschichte jemandem vor. Die Zeit wird gestoppt.

Mein  Wuff liegt im  . Neben sich hat er einen großen  liegen. Er passt gut auf seinen  auf. Doch er wird müde und  ein. Darauf hat Strolchi nur gewartet. Langsam schleicht er sich an.  schläft immer noch.  gehört den Nachbarn. Er ist durch ein Loch im  gekrochen. Schwupps ist der  weg! Doch  wird wach. Er rennt  nach. Sauer ist er, stinksauer! Seine  stellen sich hoch. Er knurrt.  ist ein großer Feigling. Er lässt den  fallen. Er zieht den  ein und rennt schnell weg.  legt sich wieder hin. Seinen  hat er unter sich liegen.

Zeit

ca. 45 Sekunden	=	sehr gut
1 Minute 15 Sekunden	=	gut
2 Minuten 15 Sekunden	=	Das kannst du noch verbessern.
mehr als 2 Minuten 15 Sekunden	=	Übe! Übe! Übe!

Deine Zeit ____________________

Wie heißt mein Hund? ________________________________

Wie heißt der Hund des Nachbarn? ______________________

Lies die Geschichte jemandem vor. Die Zeit wird gestoppt.

Die  scheint. Ich packe die  ein und ab geht es zum . Mit einem  tauche ich ins Wasser. Herrlich! Ich bleibe ganz lange im . Nun friere ich. Schnell hole ich mein 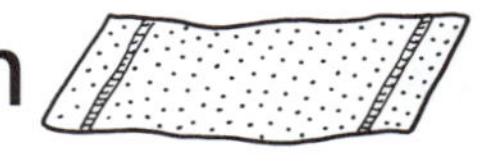 und trockne mich ab. Dann lege ich mich in die . Ich 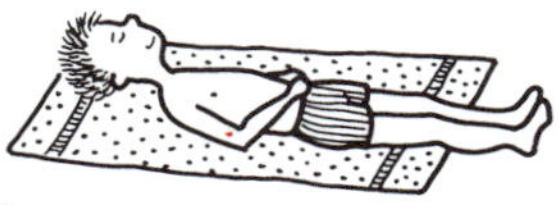 ein. Als ich aufwache, ist es schon  Uhr. Ich sehe mich an. Meine Haut brennt, und ich bin ganz rot. Ich habe einen ordentlichen .

Zeit

30 Sekunden	=	sehr gut
1 Minute	=	gut
1 Minute 45 Sekunden	=	Das kannst du noch verbessern.
mehr als 1 Minute 45 Sekunden	=	Übe! Übe! Übe!

Deine Zeit ____________________

Was könnte das letzte Bild heißen? ______________________________

Lies die Geschichte jemandem vor. Die Zeit wird gestoppt.

Die  fallen von den . Anna schaut einem  zu, wie es eine  frisst. Ein  läuft über die 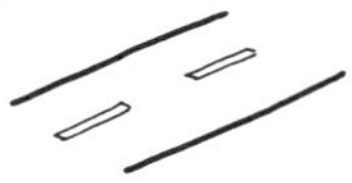. Da kommt ein . Der  hat es gerade noch geschafft. Anna freut sich. Über ihr schwebt ein lustiger  in der Luft. Der  bläst den  immer höher hinauf.  fliegen nahe an ihm vorüber. Sie ziehen sicher in den warmen 

. „Oh, es ist schon  Uhr. Ich muss schnell heim. Mutti wartet sicher schon auf mich. Sie freut sich bestimmt über die 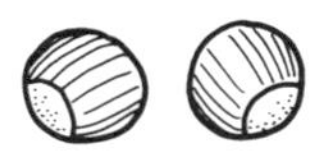“, denkt Anna.

Zeit

30 – 40 Sekunden	=	sehr gut
1 Minute	=	gut
2 Minuten	=	Das kannst du noch verbessern.
mehr als 2 Minuten	=	Übe! Übe! Übe!

Deine Zeit ____________________

Das Gespräch solltet ihr zu zweit laut lesen.

Max: Kommst du heute Mittag zu mir?

Richard: ____________________

Max: Warum das?

Richard: ____________________

Max: Dafür wirst du doch nicht den ganzen Nachmittag brauchen.

Richard: ____________________

Max: Schade, Tim und Franzi kommen auch.
Wir wollen Fußball spielen.

Richard: ____________________

Max: Woher willst du das wissen? Du hast ja noch nie mit ihr gespielt.

Richard: ____________________

Max: Deine Schwester hat doch letzte Woche auch mitgespielt und sogar ein Tor geschossen.

Richard: ____________________

Max: Jeder muss einmal anfangen. Stell dich nicht so an!

Richard: ____________________

Max: Leihst du mir deinen Fußball? Meiner ist kaputt.

Richard: ____________________

Max: Vielleicht kannst du später nachkommen.

Richard: ____________________

Max: Na gut, da kann man nichts machen.

Richard: ____________________

Max: Was hälst du davon, wenn ich dir beim Aufräumen helfe?

Richard: ____________________

Max: Wie lange brauchen wir dazu?

Richard: ____________________

Max: Abgemacht! Ich komme um 2 Uhr.

Richard: ____________________

Max: Bis dann!

Richard: ____________________

A B C D E F G H I J K L M N O P Q R S T U V W X Y Z

Max: ______________________________

Richard: Nein, das geht nicht, ich habe keine Zeit.

Max: ______________________________

Richard: Erst muss ich die Schulaufgaben machen, dann mein Zimmer aufräumen.

Max: ______________________________

Richard: Hast du mein Zimmer gesehen?

Max: ______________________________

Richard: Aber doch nicht mit Franzi. Die trifft ja nicht einmal den Ball.

Max: ______________________________

Richard: Sie ist ein Mädchen, darum!

Max: ______________________________

Richard: Das war Zufall. Außerdem spielt sie schon seit sieben Jahren.

Max: ______________________________

Richard: Du hast ja recht. Ich ärgere mich nur, weil ich keine Zeit habe.

Max: ______________________________

Richard: Klar, den könnt ihr haben.

Max: ______________________________

Richard: Das glaub' ich kaum. Mit meinem Zimmer werde ich heute nicht mehr fertig. Es sieht aus, als ob eine Bombe eingeschlagen wäre.

Max: ______________________________

Richard: Bis bald, Max!

Max: ______________________________

Richard: Das wäre klasse!

Max: ______________________________

Richard: Zu zweit vielleicht eine Stunde.

Max: ______________________________

Richard: In Ordnung.

Max: ______________________________

Richard: Alles klar!

Lies dir jeweils beide Texte aufmerksam durch. Fällt dir etwas auf?

1 A

Lisa liegt im Bett und wartet auf ihre Mutter.
Jeden Abend, bevor Lisa einschläft, kommt die Mutter noch zu ihr. Sie reden immer noch ein wenig.

1 B

Lisa liegt im Bett und wartet auf ihre Mutter.
Jeden Abend, bevor Lisa einschläft, kommt die Mutter noch zu ihr. Sie beten immer noch ein wenig.

2 A

Hänschen ist ein Baby. Er bekommt seine ersten Zähne, deshalb schreit er oft. Seine Mutter kann in der Nacht nur wenig schlafen, weil Hänschen immer wieder weint. Sie nimmt ihn aus dem Bettchen und wiegt ihn in den Schlaf.
Dann hört man keinen Ton mehr. Doch am frühen Morgen kräht er fröhlich in den Tag.

2 B

Hänschen ist ein Baby. Er bekommt seine ersten Zähne, deshalb schreit er oft. Seine Mutter kann in der Nacht nur wenig schlafen, weil Hänschen immer wieder weint. Sie nimmt ihn aus dem Bettchen und biegt ihn in den Schlaf.
Dann hört man keinen Ton mehr. Doch am frühen Morgen kräht er fröhlich in den Tag.

3 A

Hannes muss endlich sein Zimmer aufräumen. Seit einer Woche bittet ihn seine Mutter darum. Immer hat er eine andere Ausrede. „Du gehst nicht aus dem Haus, bevor du dein Zimmer aufgeräumt hast“, sagt sie. Als sie nach zwei Stunden in sein Zimmer geht, liegt Hannes auf dem Bett und liest. Sein Zimmer sieht noch aus, wie es vorher war. Mutter lobt: „Das hast du gut gemacht.“

3 B

Hannes muss endlich sein Zimmer aufräumen. Seit einer Woche bittet ihn seine Mutter darum. Immer hat er eine andere Ausrede. „Du gehst nicht aus dem Haus, bevor du dein Zimmer aufgeräumt hast“, sagt sie. Als sie nach zwei Stunden in sein Zimmer geht, liegt Hannes auf dem Bett und liest. Sein Zimmer sieht noch aus, wie es vorher war. Mutter tobt: „Das hast du gut gemacht.“

4 A

Igel Fritz trifft sich mit seinem Igel-Freund Franz. Sie haben nichts vor und langweilen sich in der Sonne. Es ist sehr heiß heute. „Was sollen wir machen?“, fragt der Franz. Fritz hat eine Idee. „Lass uns um die Wette laufen!“ Sie kratzen ihre Startlöcher und werden von dieser Arbeit müde. Jeder schläft in seiner Kuhle und der Wettlauf fällt aus.

4 B

Igel Fritz trifft sich mit seinem Igel-Freund Franz. Sie haben nichts vor und langweilen sich in der Sonne. Es ist sehr heiß heute. „Was sollen wir machen?“, fragt der Franz. Fritz hat eine Idee. „Lass uns um die Wette saufen!“ Sie kratzen ihre Startlöcher und werden von dieser Arbeit müde. Jeder schläft in seiner Kuhle und der Wettlauf fällt aus.

5 A

Thomas und Kim machen eine Wanderung durch den Wald. Es ist schon dunkel. Die beiden haben sich verlaufen. Der Wald ist richtig unheimlich. Thomas und Kim bekommen Angst. Kim flüstert Thomas zu: „Schau mal, da vorne faucht es!“ „Lass uns nachschauen“, antwortet Thomas.

5 B

Thomas und Kim machen eine Wanderung durch den Wald. Es ist schon dunkel. Die beiden haben sich verlaufen. Der Wald ist richtig unheimlich. Thomas und Kim bekommen Angst. Kim flüstert Thomas zu: „Schau mal, da vorne raucht es!“ „Lass uns nachschauen“, antwortet Thomas.

6 A

Auf dem Hühnerhof Gack ist einiges los. Max verbringt seine Ferien dort. Er darf auch mithelfen. Das macht Max gerne. Gestern hat er die Ställe sauber gemacht und die Hühner gefüttert. Heute darf er mit Tante Olga Hühner zupfen. Morgen fährt er mit Onkel Heinrich zum Markt. Dort verkaufen sie Eier und Suppenhühner.

6 B

Auf dem Hühnerhof Gack ist einiges los. Max verbringt seine Ferien dort. Er darf auch mithelfen. Das macht Max gerne. Gestern hat er die Ställe sauber gemacht und die Hühner gefüttert. Heute darf er mit Tante Olga Hühner rupfen. Morgen fährt er mit Onkel Heinrich zum Markt. Dort verkaufen sie Eier und Suppenhühner.

A B C D E F G H I J K L M N O P Q R S T U V W X Y Z

Auf dem Rücken von Balduin schreibt Knuffi den Namen und den Wohnort von Balduin auf. „So, Balduin, wenn du wieder einmal abhaust, weiß jeder, wohin du gehörst“, meint Knuffi zufrieden. Balduin bekommt nichts mehr davon mit. Der Tag war so anstrengend, dass er im Stehen eingeschlafen ist.

8

Der Esel Balduin

Lies den Text genau durch.
Stimmt er immer?

Name: ____________________

An der Tankstelle hält der Wagen an. Balduin macht sich auf und davon, nachdem die Männer im Gasthof verschwunden sind. Zum Glück ist die Tür des Möbelwagens nicht verriegelt.

6

Sie binden Balduin vor dem Kaufhaus an einer Straßenlaterne an. Dann werfen sie Geld ein und gehen mit dem Einkaufskorb in das Kaufhaus.

3

Es regnet. Knuff und Knuffi reiten auf ihrem Esel Balduin in die Stadt. Sie wollten etwas einkaufen. Am Schwanz von Balduin hängt der Einkaufszettel von Mama.

2

Knuff und Knuffi hatten Balduin den ganzen Tag gesucht. Sie hatten sich große Sorgen um ihn gemacht. Es ist schon stockdunkel, als Balduin am Abend zu Hause ankommt. Der Vollmond hat ihm den Weg beleuchtet. Knuff und Knuffi fällt ein Stein vom Herzen.

7

Balduin wird es nach kurzer Zeit langweilig. Außerdem ist die Parkuhr abgelaufen. Er beißt die Schnur durch. So ganz wohl scheint es ihm nicht zu sein, wenn man sein Gesicht betrachtet.

4

Nun steigt er in einen offen stehenden Möbelwagen ein. Niemand bemerkt das. Er hat überhaupt keine Lust zu laufen. Die beiden Männer tragen einen Herd in eines der Häuser.

5

A B C D E F G H I J K L M N O P Q R S T U V W X Y Z

Was könnte Papa sagen?

8

Urlaub am Strand

Lies den Text genau durch.
Stimmt er immer?

Name: ______________________

Was könnte der Strandwärter rufen?

6

Er spielt mit seinem Wasserball und merkt nicht, dass er sich immer weiter von seinen Eltern entfernt. Er sieht seine beiden Freunde Pit und Max. Sie winken ihm zu.

3

A B C D E F G H I J K L M N O P Q R S T U V W X Y Z

Papa und Mama schlafen am Strand unter einem gepunkteten Sonnenschirm. Knirps, der kleine Sohn, langweilt sich. Er würde ja gerne ins Wasser, aber alleine darf er das nicht. Leider kann er noch nicht schwimmen.

2

Papa und Mama haben Knirps schon gesucht. Sie sind schon den ganzen Strand abgelaufen, aber nirgends war von Knirps etwas zu sehen. So sind sie sehr froh, als sie ihn wiederhaben. Mama zeigt auf den Baum und sagt:

7

Nach einer Weile hat er keine Lust mehr. Als er sich umsieht, kann er seine Eltern nicht mehr sehen. Knirps fängt an zu lachen. Zwei Badegäste kümmern sich um ihn. Sie wissen, was zu tun ist.

4

Sie bringen ihn zum Strandwärter. Der Strandwärter weiß Rat und sagt: „Es ist schon öfter vorgekommen, dass kleine Kinder ihre Eltern nicht mehr finden!" Er nimmt sein Handy und ruft:

5

Lies den Streich von „Max und Moritz“ von Wilhelm Busch genau durch. Haben Max und Moritz hier auch noch die Bilder vertauscht? Wohl kaum! Versuche die Bilder entsprechend dem Text zu ordnen. Schreibe die Zahlen von 1 – 13 zu den Bildern oder schneide sie aus und klebe sie in der richtigen Reihenfolge auf.

Jeder weiß, was so ein Mai-
käfer für ein Vogel sei.
In den Bäumen hin und her
fliegt und kriecht und krabbelt er.

Wilhelm Busch
Selbstbildnis 1894

Onkel Fritz hat wieder Ruh'
und macht seine Augen zu.
Dieses war der fünfte Streich,
doch der sechste folgt sogleich.

1 Max und Moritz, immer munter,
schütteln sie vom Baum herunter.

2 In die Tüte von Papiere
sperren sie die Krabbeltiere.

3 Fort damit und in die Ecke
unter Onkel Fritzens Decke!

4 Bald zu Bett geht Onkel Fritze
in der spitzen Zipfelmütze;

5 seine Augen macht er zu,
hüllt sich ein und schläft in Ruh.

6 Doch die Käfer, kritze, kratze!
kommen schnell aus der Matratze.

7 Schon fasst einer, der voran,
Onkel Fritzens Nase an.

8 „Bau!“ schreit er – „Was ist das hier?“
und erfasst das Ungetier.

9 Und den Onkel voller Grausen
sieht man aus dem Bette sausen.

10 „Autsch!“ – schon wieder hat er einen
im Genicke, an den Beinen;

11 hin und her und rund herum
kriecht es, fliegt es mit Gebrumm.

12 Onkel Fritz, in dieser Not,
haut und trampelt alles tot.

13 Guckste wohl! Jetzt ist's vorbei
mit der Käferkrabbelei!

Ein Streich von ganz, ganz üblen Burschen

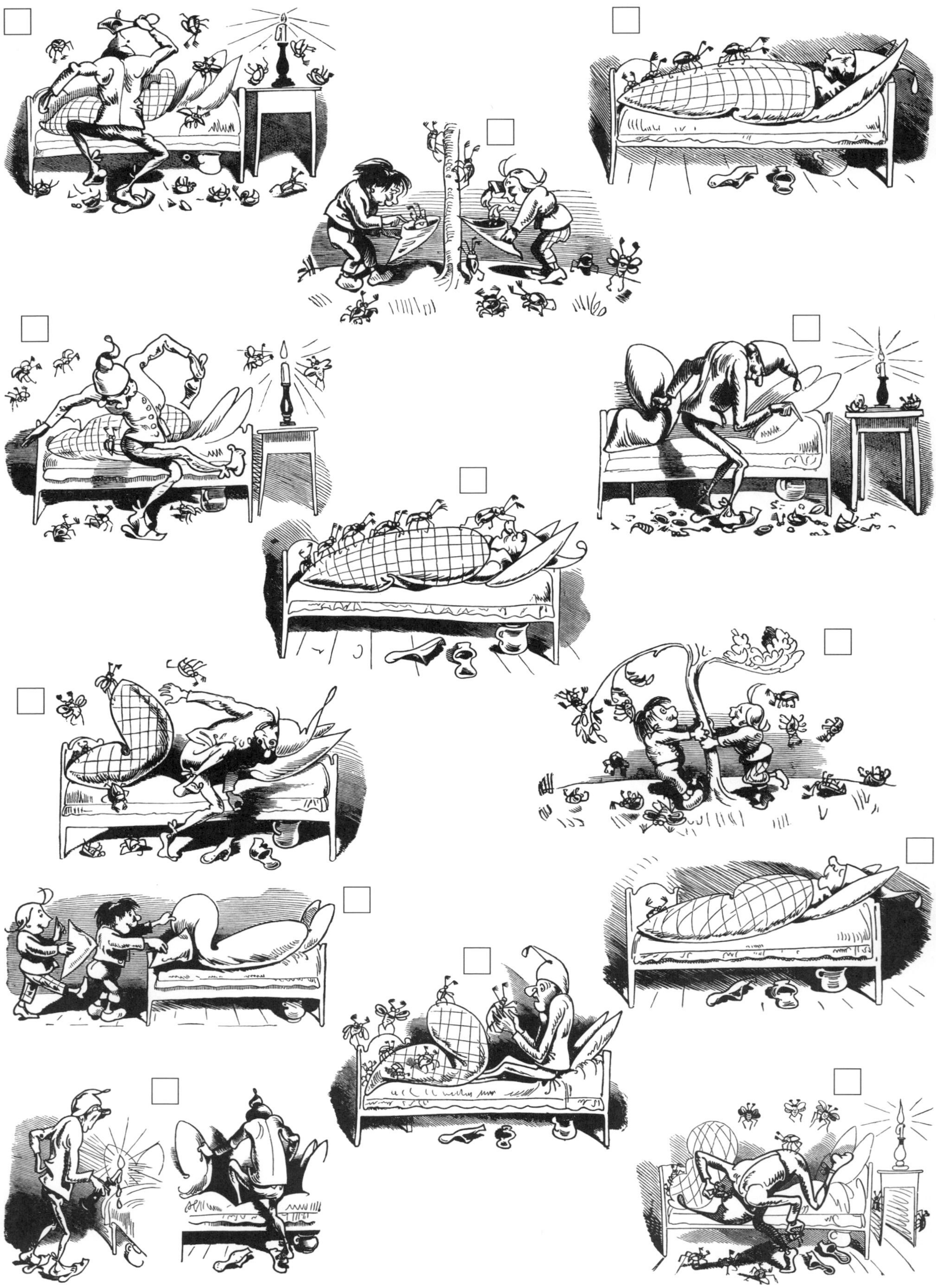

Setze beim Lesen für „Kuddel“ andere Wörter ein.
Lest die Geschichte mit verteilten Rollen (Erzähler / Tim / Mutter).

Das kommt davon

Tim sitzt vor dem Kuddel. Seine Lieblingssendung läuft. Tims Mutter ruft aus der Kuddel: „Tim, schalt den Kuddel aus, das Essen ist gleich fertig!“
Tim gibt keine Antwort. Der Kuddel ist sehr spannend. „Tim, komm endlich an den Tisch!“ „Gerade jetzt, wo der Dieb dem Kuddel entwischt“, denkt Tim. In der Kuddel hört Tim Geklapper. Als die Sendung aus ist, geht Tim in die Kuddel. „Mama, was gibt es zu kuddeln?“
„Da hast du Pech, mein Lieber, ich habe den Kuddel schon abgeräumt. Du kannst aber einen Apfel essen“, meint die Mutter.
Tim hat aber keine Lust auf einen Kuddel.
„Was hast du denn gekocht?“, fragt er. Es gab dein Lieblingskuddel: Spaghetti mit Kuddelsoße“, antwortet die Mutter. Tim ist sauer. Er nimmt den Kuddel und geht in sein Zimmer.

Kreuze das zur Geschichte passende Sprichwort an.
Kannst du das Sprichwort erklären?

- ☐ Essen und Trinken halten Leib und Seele zusammen.
- ☐ Wer nicht kommt zur rechten Zeit, der muss essen, was übrig bleibt.
- ☐ Wer nicht hören will, muss fühlen.

A B C D E F G H I J K L M N O P Q R S T U V W X Y Z

Adrian, Suse und Florian dürfen ein Haustier anschaffen. Adrian möchte eine Katze, Suse möchte einen Hund und Florian möchte gar kein Tier.
Die drei Geschwister unterhalten sich darüber. Kannst du herausfinden, wer was sagt? Schreibe die Namen der Kinder auf die Linien.

_______________: Um ein Haustier muss man sich kümmern. Ich habe keine Zeit dafür.

_______________: Eine Katze macht doch wenig Arbeit, du musst sie nur füttern.

_______________: Und streicheln, das Katzenklo sauber machen und, und, und ...

_______________: Ein Hund kann ein richtiger Freund werden.

_______________: Eine Katze sicher auch!

_______________: Aber nicht so. Sie macht, was sie will.

_______________: Um alle Tiere muss man sich kümmern. Ich habe genug anderes zu tun.

_______________: Eine Katze macht weniger Arbeit. Mit einem Hund musst du jeden Tag spazieren gehen.

_______________: Das mache ich gerne.

_______________: Auch wenn es regnet und kalt ist? Eine Katze liegt dann am Ofen und döst.

_______________: Ich möchte eigentlich gar kein Tier. Vielleicht aber einen Vogel.

_______________: Einen Hund oder einen Vogel! Du hast, glaube ich, einen Vogel.

_______________: Entweder eine Katze oder gar kein Haustier.

_______________: Ihr werdet euch sowieso so nicht einig. Also kein Haustier!

Mutter sucht etwas im Speise-Regal. Was sucht sie?
Unten findest du die Hinweise. Kreise die beiden Dinge ein.

1.
- rechts vom Öl
- über der Wurst
- unter der Butter
- auf dem dritten Brett von oben gesehen

2.
- unter den Kartoffeln
- über dem Öl
- rechts vom Vollkornbrot

Schreibe die Namen auf die Linien.

1. Hans hat eine Kappe auf und trägt einen Gürtel mit großer Schnalle.
2. Lisa hält einen dicken Buntstift in der Hand.
3. Paul hat kurze Hosen an und trägt eine gestreifte Mütze.
4. Karl trägt eine Brille und hat viele Sommersprossen.
5. Tine sieht man von hinten. Sie hat Zöpfe.
6. Karin isst ein Eis.
7. Nina hilft Mama in der Küche. Sie hat eine Schürze umgebunden.
8. Monika hat ein hübsches Kleid an. Sie hält hinter ihrem Rücken etwas versteckt.
9. Maria trägt eine Latzhose. Sie hat Zöpfe und ihre Hände stecken tief in den Taschen.

Dies ist ein Spiel, bei dem du dich entsprechend der unten stehenden Anweisungen auf den Feldern von AB 25 bewegen sollst. Dabei sollst du das Feld, auf dem du gelandet bist, jeweils nicht mitzählen. Beginne jeweils bei Start (außerhalb des Feldes). Benutze einen Spielstein (Setzer).

A. Gehe drei Felder nach links,dann drei Felder nach oben. Nun gehst du zwei Felder nach links. Richtig! Jetzt musst du 1 Feld nach oben gehen. Mache kurz Pause. Springe dreimal in die Höhe, gleich hast du die Aufgabe geschafft. Du musst nur noch vier Felder nach rechts gehen. Schreibe in dieses Quadrat groß den Buchstaben A.

B. Du musst fünf Felder nach links gehen, danach zwei Felder nach oben. Nun gehst du vier Felder nach rechts. Jetzt gehst du zwei Felder nach unten. Hier legst du eine Pause ein und machst 2 Liegestütze. Es ist nicht mehr weit. Gehe nun zwei Felder nach links und zwei Felder nach oben. In dieses Feld schreibst du den Buchstaben I.

C. Auf die Plätze! Fertig! Los!
2 Felder nach links/
2 Felder nach oben/
2 Felder nach links/
2 Felder nach oben/
2 Felder nach rechts.
Pause! Gehe viermal in die Hocke. Dann gehst du noch 1 Feld nach unten. Schreibe in das Quadrat den Buchstaben M.

D. Noch kürzere Angaben!
3 ➔ L | 1 ➔ O | 1 ➔ L | 1 ➔ O | 2 ➔ R | 1 ➔ U |
Pause! Arme und Beine ausschütteln.
2 ➔ L
Hier trägst du den Buchstaben R ein.

E. Noch weniger Angaben. Ohne Pause!
2 ← | 4 ↑ | 1 ← | 2 → | 4 ↓ | 4 ←
Hier trägst du den Buchstaben P ein.
Kannst du das Wort lesen? Dann hast du alles richtig gemacht. Bravo!

Start

Bei Familie Naseweis ist alles in Aufregung. Hänschen, mit drei Jahren der Jüngste, hat das Fotoalbum der Familie in die Finger bekommen. Ja, und was meinst du, ist damit passiert? Klar, von einer ganzen Seite hat er die Bilder abgerissen und durcheinandergebracht. Nun kann man das herrliche Album nicht mehr jedem zeigen, der zu Besuch kommt. Das musst du wissen: Jeder, der die Familie Naseweis besucht, muss auch die Bilder betrachten. Und ganz stolz erklärt man ihm die Fotos in allen Einzelheiten. Einer ist mal bei diesen Geschichten am Tisch eingeschlafen. Das war schon reichlich undankbar. Jetzt aber zurück zur Unordnung mit den Bildern. Ganz hinten im Album gibt es einen Plan, der genau angibt, wo welches Foto eingeklebt ist. Für jede Seite extra. Die Hinweise sind etwas kompliziert, aber sicher kannst du helfen, die richtige Stelle für jedes Bild zu finden wie es im Plan beschrieben ist.

A B C D E F G H I J K L M N O P Q R S T U V W X Y Z

Opa (heute)
Opa (als Schüler)
Mutter Mathilde (früher)
Opa (als Soldat)
Mutter Mathilde (heute)
Klara
Mozart
Tante Auguste

Mutter Mathilde (heute) ist in der dritten Reihe von unten und dann im dritten Feld von rechts. In der vierten Reihe von oben, im zweiten Feld von links, ist Opas Säbel, mit dem er fast allein einen Krieg gewonnen hätte. In der untersten Reihe soll man im zweiten Feld von rechts Opa als Schüler sehen. Links neben Mutter Mathilde (heute) ist der Eisenbahnwagen, mit dem man sonntags immer einen Ausflug in immer den gleichen Ort macht. In der rechten Reihe im zweiten Feld von unten soll der Ball eingeklebt werden, mit dem Opa sein erstes Tor bei Schienbein 09 geschossen hat. Die zweite Reihe von unten zeigt ganz, ganz links im Feld Tante Auguste. Die Frisur hat sie übrigens schon in der 2. Klasse getragen! Aber Auguste ist auch ganz schön sportlich. Immerhin reitet sie. Ihr Pferd soll in der obersten Reihe im „rechtesten“ Feld eingeklebt werden. Und wer bellt das Pferd an? Dackel Mozart – wer denn sonst! Den sieht man im Album links vom Pferd, denn von da aus kann er besser kläffen. Übrigens haben wir Opas Fußballschuh völlig vergessen. Immerhin schoss er damit eine ganze Menge Elfmeter in die rechte untere Torecke. Deshalb findest du den Schuh in der untersten Reihe, natürlich im ersten Feld von links. Opa war als Soldat große klasse. Jeder Feind bekam sofort Angst vor seinem strengen Blick. Im Album ist er deshalb auch gleich an erster Stelle eingeklebt – also in der ersten Reihe von oben als vierter von rechts. Und damit er recht gefährlich aussah, hatte er eine Pickelhaube aufgesetzt. Der Pickel ist ein Horn oben auf dem Helm. Diese Kopfbedeckung sollst du in der zweiten Reihe von unten als drittes Bild von links einkleben. Noch gefährlicher wurde Opa durch sein Gewehr. Aber das hatte man nur aus Holz nachgebaut und dann fotografiert, um es in der untersten Reihe als viertes Bild von links anzubringen. Natürlich lief Opa nicht immer in Uniform herum. Als er einmal mit weißem Hemd und schwarzer Hose zum Tanz ging, lernte er Klara, seine erste Liebe kennen. Ein Traummädchen! Du sollst sie neben Opa als Soldat einkleben. Zwischen dem Pferd und dem Ball ist das Bild von Mutter Mathilde (früher). Da war sie Krankenschwester und lief ständig mit dem Thermometer herum, das du zwischen Tante Auguste und der Pickelhaube einkleben sollst. Bleibt zum Schluss noch Opa, wie er heute aussieht. Du klebst ihn, ja wohin auch sonst, zwischen Mutter Mathilde (heute) und Mutter Mathilde (früher) ein.

Auf dem Speicher hat Uli eine alte Schatzkarte gefunden. Sie musste uralt sein. An einer Stelle auf dieser Karte steht geschrieben:

Schatz nicht gefunden! Suche seit Monaten danach. Gebe auf!

„Wahnsinn, vielleicht liegt der Schatz heute noch da!“, denkt Uli. Er erzählt keinem Menschen etwas von dieser Karte. Nach einigen Tagen macht er sich auf die Suche nach dem vergrabenen Schatz. So zieht er mit einem Rucksack, einer Schaufel und der Karte los. Nachdem er eine Weile gelaufen war, kommt er an eine Kurve. Er geht geradeaus weiter. Links führt der Weg in einen Tannenwald. Rechts sieht er eine schöne, bunte Wiese. Den nächsten Weg geht Uli nach links. Nach der Rechtskurve sieht er oben am Hang eine ____________________. „Da muss es sein“, denkt er. Er fängt im Gebüsch an zu graben. Nichts! Uli schaut auf dem Plan noch einmal nach. „Aha, ich bin falsch gelaufen.“ Er geht zurück. In den nächsten Weg, der rechts abzweigt, biegt er ein.

Wo, glaubst du, könnte der Schatz liegen?

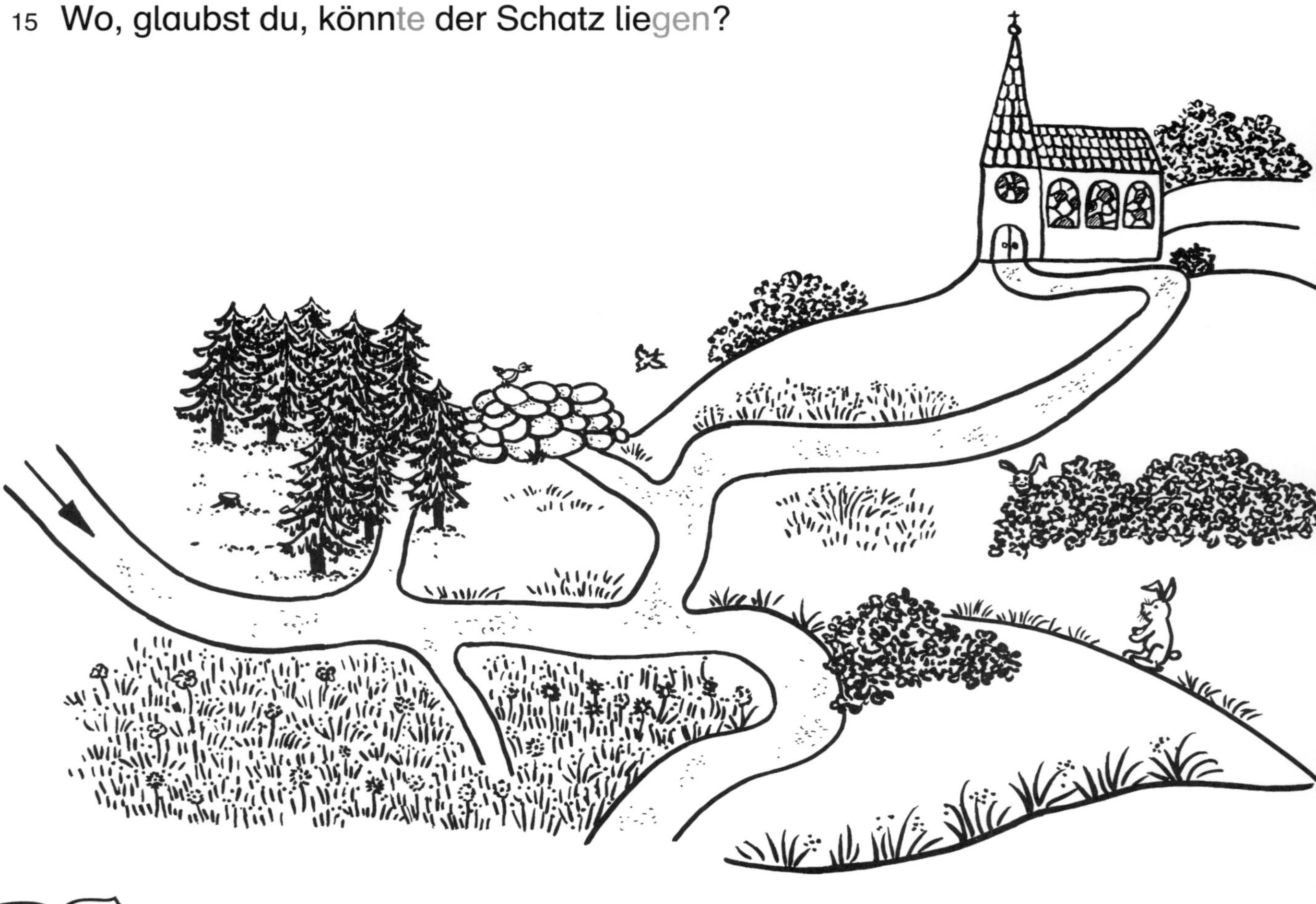

Mo: Fleischwurst
Mi: Frikadellen
Fr: Rinderfilet
Sa: Schweinebraten
Kino
14⁰⁰ Uhr
Di: Tom + Jerry
Mi: Tarzan
20⁰⁰ Uhr
Mi: Casablanca
Sa: Herr der Ringe
Halt dich fit!
15⁰⁰ Uhr
Mo: Gymnastik
Di: Tanz
Mi: Jazztanz
Do: Turnen für Frauen
Fr: Gymnastik
20⁰⁰ Uhr
Tag der offenen Tür
So: 11⁰⁰–18⁰⁰ Uhr
Grundschule Lesefreude
Markt
Mi: 10⁰⁰–14⁰⁰ Uhr
Mo: 8⁰⁰–12⁰⁰ Uhr
Bastelnachmittag
16⁰⁰ Uhr
Mi: Basteln mit Tonpapier
Fr: Serviettentechnik
Fußballtraining:
Di: 18⁰⁰ Uhr Jugendmannschaft
Sa: 10⁰⁰ Uhr Mädchenfußball
Mi: 18⁰⁰ Uhr fällt aus

Lies die Texte genau durch. In jedem findest du Angaben, die nicht stimmen. Markiere die falschen Angaben.

① Frau Süßschnabel kauft am Montag frische Fleischwurst. Am Mittwoch will ihre Tochter Alina im Kino „Tom und Jerry“ anschauen. Am Donnerstagabend hat Frau Süßschnabel Gymnastik. Eine anstrengende Woche für Frau Süßschnabel.

② Hanna will mit ihrer Freundin am Mittwoch zur Gymnastik. Es ist das erste Mal. Zuvor kauft sie für ihre Mutter noch etwas Gemüse auf dem Markt ein. Beim Metzger holt sie für sich und ihre Freundin eine Frikadelle.
Die sind lecker!

③ Herr Braun hat seinem Sohn versprochen, am Dienstagnachmittag mit ihm ins Kino zu gehen. Fritz hat sich schon lange auf „Tom und Jerry“ gefreut. Um 18 Uhr hat Fritz noch Fußballtraining. Am Abend möchte Frau Braun unbedingt den Film „Der Herr der Ringe“ mit ihrem Mann ansehen.

④ Kai kommt in diesem Jahr in die Schule. Deshalb besucht die ganze Familie am Samstag, am Tag der offenen Tür, die Grundschule „Lesefreude“. Seine Schwester Susi hat am Morgen noch Fußballtraining. Susis Mutter bittet ihre Tochter, noch Schweinebraten in der Metzgerei einzukaufen. Ein Festessen für Papa!

⑤ Oma Fröhlich bringt Helga am Dienstag zum Tanzen. Zuvor begleitet sie Uwe noch zum Kino. Der Film beginnt um 15 Uhr. Sie muss sich beeilen, denn sonst kommt Helga zu spät. Um 18 Uhr hat Uwe noch Fußballtraining. Das schafft er gerade.

⑥ Frau Becker bastelt für ihr Leben gerne. Auch Tochter Jessi hat Spaß daran. Am Mittwoch wollen sie zusammen zum Bastelnachmittag gehen. Die Servietten-Falttechnik kennen sie noch nicht. Jessi hat um 15 Uhr Jazztanz. Das reicht noch soeben. Auf dem Markt essen sie schnell noch ein Würstchen. Ist das eine Hetze!

Lies die Sätze. Kreuze Ja oder Nein an und male die zutreffenden Bilder aus.

Ja	Nein	
☐	☐	Ein Affe schaut in den Spiegel.
☐	☐	Das Pferd liest ein Buch.
☐	☐	Auf dem Baum sitzt die Maus.
☐	☐	Die Fische haben Propeller.
☐	☐	Ein Hase angelt einen Fisch.
☐	☐	Ein Elefant fährt das Auto.
☐	☐	In der Luft fliegt eine Kuh.
☐	☐	Die Kuh frisst Gras auf der Weide.
☐	☐	Auf der Bank schläft ein Esel.
☐	☐	Zwei Strauße wandern mit dem Rucksack.

A B C D E F G H I J K L M N O P Q R S T U V W X Y Z

Kreuze die richtigen Aussagen an. Sechs Sätze sind richtig.

- [ ] Rotkäppchen soll den Korb zur Großmutter bringen.
- [ ] Rotkäppchen bringt der Mutter den Korb.
- [ ] Im Korb siehst du Wein und Kuchen.
- [ ] Rotkäppchen hat kurze und lockige Haare.
- [ ] Es heißt Rotkäppchen, weil es ein rotes Mützchen hat.
- [ ] Es heißt Rotkäppchen, weil es rote Bäckchen hat.
- [ ] Aschenputtel hat ein altes Kleid an.
- [ ] Aschenputtel hat meist nichts zu tun.
- [ ] Aschenputtel muss hart arbeiten.
- [ ] Das Kleid von Aschenputtel ist aus feinster Seide.
- [ ] Die Tauben helfen Aschenputtel bei der Arbeit.
- [ ] Die Tauben fressen alle Erbsen weg.

Sieben Sätze sind richtig. Trage die angekreuzten Buchstaben nacheinander in die Kästchen ein.

R Das Kopfkissen ist gestreift.

S Der Bär schläft mit dem Hut im Bett.

I Der Bär liegt mit einem Knochen im Bett.

C Vier Papageien sitzen auf den Bettpfosten.

K Vier Papageien fliegen durch die Luft.

L Zwei Mäuse schlafen im Zelt.

H Eine Flasche schwimmt im Wasser.

U Im Ruderboot sitzen zwei Hamster.

S In der Hängematte hält eine Kuh Mittagsschlaf.

T Es ist heiß, die Sonne scheint.

M Leider ist kein Fisch am Angelhaken.

O An der Palme hängen reife Bananen.

I Die Hängematte ist an der Palme befestigt.

G Ein Vogel fliegt mit einem Korb voller Lebensmittel in der Luft.

Lies den Text und ergänze das Bild.

Hans lässt einen roten Drachen steigen.
Unter der Tanne wächst ein Fliegenpilz.
Das Eichhörnchen hat fünf Eicheln versteckt.
Im Laubhaufen sieht man einen Igel.
Sieben Gänse fliegen in den Süden.
Hans hat eine blaue Mütze auf und eine gelbe Jacke an.

Kannst du noch eigene Sätze schreiben? ______________________________

____

____

____

____

____

____

____

Das ist die Lok Piff-Paff. Schwarzer Rauch steigt aus dem großen Schornstein, weil sie sich so sehr anstrengen muss. Sie sieht lustig aus mit ihren bunten Schornsteinen. Der rechte Schornstein ist blau, der nächste rot, der dritte gelb und der große Schornstein ist gelbblau gestreift. Aber wo ist überhaupt der Lokführer? Leider hat die Lok ihre drei Wagen unterwegs verloren. Einfach weg! Oder doch nicht? Kannst du der armen Lok helfen? Auf dem ersten Wagen sind Holzstämme. Auf dem zweiten Wagen sind 18 Kisten gestapelt. Den letzten Wagen kannst du selbst beladen. Übrigens haben die drei Wagen die Farben der Deutschland-Fahne. Der Lokomotivführer ist Fußball-Fan. Gerade war ein wichtiges Länderspiel. Aus diesem Grund hat er die drei Wagen bemalt.

Taps, ein kleiner schwarz-weißer Kater, sieht schon eine Weile dem kleinen Vogel Piep zu. Eifrig baut er sein Nest. „Na warte, bald wird der Augenblick kommen", denkt Taps. Endlich ist es so weit. Piep hat fünf Junge. Schon von weitem sieht man ihre gelben Schnäbel aus dem Nest gucken. Taps sitzt unter dem Baum. Ob er es wagen soll?

Da wäre auch noch die kleine Maus, die gerade aus ihrem Loch kommt.

Ein paar Kirschen plumpsen direkt auf seinen Kopf. „Jetzt habe ich mich gerade geputzt, wie sehe ich nur aus?", maunzt er. Piep kommt angeflogen und setzt sich auf einen Ast. Kater Taps hat vom Jagen die Nase voll.

Er zählt lieber die Kirschen, die noch an dem Baum hängen. Weißt du, wie viele es sind?

A B C D E F G H I J K L M N O P Q R S T U V W X Y Z

Das ist mein Traumauto. Traumauto? Da fehlen noch viele, viele Teile. In der Werkstatt haben sie mir gesagt, dass ich die Karre besser dem Schrotthändler geben soll. Aber das tue ich auf gar keinen Fall. Ich kann mir nämlich vorstellen, wie es einmal aussehen wird. Bestimmt werden mir alle Leute nachschauen, wenn das Auto fertig ist. Doch leider ist es noch nicht so weit. Aber ich bin sicher, dass du mir helfen kannst. Das ist gar nicht so schwer. Die paar fehlenden Teile hast du schnell eingebaut. Dann lackieren! Die Farbe überlasse ich dir. Lackiere es so, wie du dir dein Traumauto schon immer vorgestellt hast. Wenn alles fertig ist, darfst du dich natürlich an das Steuer setzen. Was meinst du, wie die Leute dich bewundern. Gut, du hast ja auch schwer dafür gearbeitet. Und nun „Gute Fahrt“.

In den Ferien wollen wir mit unserem Segelboot segeln. Wir bleiben eine Woche am See und zelten. Darauf freuen wir uns schon lange. Das Zelt haben wir direkt am Strand aufgebaut. Dort, wo du die Entenfamilie schwimmen siehst. Segeln macht richtig Spaß! Unser Segelboot ist das größte und hat zwei Segel. Du erkennst es an den blauen Segeln mit den roten Punkten. Papa hat das Schiff im Winter rosa gestrichen. Mutter ärgerte sich darüber. „Die Leute lachen uns doch aus. Jetzt fehlt nur noch, dass du es Schweinchen nennst.“ Mein Bruder malte wirklich ein kleines Schweinchen auf die Backbordseite des Bootes. Malst du es auf die Steuerbordseite? Und ich habe den Namen dazugeschrieben: Rosina Schwein. Glaubst du, dass Mutter noch mitfährt?

*Backbord = linke Schiffsseite / Steuerbord = rechte Schiffsseite (von hinten gesehen)

Lehrer: „Was haben Pferde und Zebras gemeinsam?“

Heidi: „Beide können nicht Auto fahren.“

Die Schneckenmutter ermahnt die Schneckenkinder: „Jetzt dürft ihr nicht auf der Straße spielen, in fünf Stunden kommt der Bus!“

Wann ist es am billigsten, die Tante in Amerika anzurufen?

Wenn sie nicht zu Hause ist.

In der Musikstunde. „Was ist das wichtigste Streichinstrument?“, fragt der Lehrer.

Uwe meldet sich: „Der Pinsel!“

Karl-Otto an der Tankstelle. „Ach, schauen Sie doch mal kurz nach den Reifen“, bittet er den Tankwart.

Der geht um das Auto herum und sagt: „Sind alle dran!“

Ein Schwein spaziert durch die Wohnung. Da entdeckt es in der Wand eine Steckdose.

„Um Himmels willen“, quiekt das Schwein entsetzt, „haben sie dich lebendig eingemauert?“

„Gestatten, dass ich mich vorstelle. Mein Name ist Kurz.“

„Sehr erfreut. Mein Name ist auch kurz. Ich heiße Lang.“

Zwei Eisbären treffen sich in der Wüste. Nach einer Weile sagt der eine: „Oh Mann, die müssen hier einen strengen Winter haben! Alles gestreut!“

Warum fliegen die Vögel im Herbst in den Süden?

Weil es zu Fuß zu lange dauert.

Rolf: „Mein Papa ist ein Zauberer."

Heidi: „Wirklich?"

Rolf: „Wirklich! Ein Wink mit seinem Zauberpantoffel und ich bin verschwunden."

Der Lehrer fragt die Schüler: „Was glaubt ihr, wie kommt man am besten durch den Urwald?"

„Als Löwe", ruft Oliver.

„Mama, darf ich zwei Stücke Kuchen haben?"

„Natürlich, Kind. Warte, ich schneide dein Stück auseinander."

Wer reist um die ganze Welt, bleibt aber dennoch immer in der Ecke?

Die Briefmarke.

„Hast du dich verschluckt?", fragt der Vater den frechen Rolf beim Abendessen.

Rolf fasst sich an die Nase: „Nein", sagt er, „ich bin noch da!"

Udo: „Und wie ist deine Mama draufgekommen, dass du dich nicht gewaschen hast?"

Peter: „Ich habe vergessen, die Seife nass zu machen."

Vater: „Wer in der Klasse hat denn heute am meisten gewusst?"

Karlchen: „Schon wieder die Lehrerin!"

A B C D E F G H I J K L M N O P Q R S T U V W X Y Z

Was hat vier Beine und kann trotzdem nicht laufen?

Zwei Hosen.

Zwei Mäuse machen einen Abendspaziergang. Da huscht eine Fledermaus über ihre Köpfe hinweg. Sagt die eine Maus: „Ui, schau, ein Engel!“

In einem Schuhgeschäft fleht der kleine Tausendfüßler seine Mutter an: „Bitte, bitte! Kauf mir keine Schnürschuhe!“

Zirkusvorstellung. Im Käfig in der Manege kniet der Dompteur mit dem erloschenen Feuerreifen vor dem Löwen und bettelt: „Du solltest springen, nicht pusten!“

„Hallo! Hallo!“, jammert es vom Dach. „Haben Sie eine weinende Frau mit einem Käfig gesehen? Ich bin der Papagei, der dazu passt!“

Vater ist sauer: „Das ist doch nicht zu fassen! Du hast 20 Fehler im Diktat?“

Sohn: „Was kann ich denn dafür, wenn die Lehrerin sie immer sucht wie eine Verrückte!“

„Euer gelber Hund ist ja wirklich zum Fürchten! Wo habt ihr denn den her?“

„Der ist uns in Afrika zugelaufen. Wir haben ihm nur die dicke Mähne abgeschnitten!“

Sagt die Schneckenmutter zu ihrer Tochter: „Und wenn auf der Straße eine Kurve kommt, musst du aufpassen, dass du nicht ins Schleudern gerätst.“

A B C D E F G H I J K L M N O P Q R S T U V W X Y Z

Das Telefon klingelt. Der Hund hebt den Hörer ab und meldet sich: „Wau!“

„Wie bitte“, fragt der Anrufer.

Der Hund wiederholt: „Wau!“

„Wer ist dort?“, fragt die Stimme daraufhin.

„Wau! W wie Wald, A wie Auto, U wie Uhu!“

Eine neue Aufgabe: „Wenn ich einen Apfel, zwei Birnen, drei Orangen und vier Bananen in jeweils fünf Stücke schneide, was hab ich dann?“, fragt der Lehrer.

Während die anderen Schüler noch eifrig rechnen, hat Fritzchen schon die Lösung gefunden: „Obstsalat!“

Zwei Flöhe spielen Lotto. Fragt der eine: „Was würdest du machen, wenn du 500 Euro gewinnen würdest?“

Der andere überlegt. „Dann würde ich mir einen Hund ganz für mich allein kaufen!“

„Stell dir vor, Mutti, gestern hat der Lehrer Manfred nach Hause geschickt, weil er sich nicht gewaschen hatte!“

„Und, hat das was genützt?“

„Und wie! Heute hatten sich zwölf Jungen und acht Mädchen nicht gewaschen!“

Der Lehrer sagt zu Micha: „Nenne mir bitte drei Tiere, die in Afrika zu Hause sind.“

Micha: „Ein Krokodil und zwei Löwen!“

Fragt der Lehrer: „Wer von euch kann mir sagen, was das älteste Musikinstrument ist?“

Heiko steht auf: „Das ist das Akkordeon!“

„Und warum das?“, fragt der Lehrer zurück.

„Weil es die meisten Falten hat.“

Das Holzwurm-Kind bittet: „Mama, bitte kein Eichenholz, das ist so hart!“

„Iss, Kind! Das ist gut für die Zähne!“

Schüler im Rechenunterricht: „Gestern haben Sie uns beigebracht, dass fünf und fünf zehn ist. Und heute sagen Sie auf einmal, dass sieben und drei zehn ist! Wollen Sie sich nicht mal endlich für was entscheiden?“

Die beiden Namen der Dinosaurier sind schwer zu lesen.
Übe zuerst einmal so:

Ty-
Tyran-
Tyranno-
Tyrannosau-
Tyrannosaurus

Seis-
Seismo-
Seismosau-
Seismosaurus

Der Tyrannosaurus-Rex war ein Fleischfresser. Er wurde bis zu 14 Meter lang. Das ist die Länge von 4 Autos. Er erreichte eine Körpergröße von 6 Metern. So groß ist etwa ein afrikanischer Elefant. Sein Schädel allein war 1,20 Meter lang. Er wog bis zu 7 Tonnen. Eine Tonne sind 1000 Kilogramm. Ein Elefantenbulle wiegt ungefähr 3 Tonnen.
Der Tyrannosaurus bewegte sich aufrecht. Er war zu groß, um schnell laufen zu können. Mit seinen kurzen Armen konnte er seine Beute auch nicht gut fangen. Man glaubt, dass er deshalb auch tote Tiere fraß.
Der Seismosaurus war der größte und schwerste Dinosaurier. Er wurde bis zu 40 Meter lang und hatte ein Gewicht von 100 Tonnen. Seine Beine sahen aus wie Säulen und er hatte einen sehr langen Schwanz und Hals. Mit seinem langen Hals kam er an die höchsten Blätter. Der Seismosaurier war ein Pflanzenfresser.

Welche Angaben findest du im Text? Fülle die Tabelle aus.
Wenn du keine Angabe findest, setze ein X.

	Tyrannosaurus	Seismosaurus
Länge		
Größe		
Gewicht		
Nahrung		
Besondere Merkmale		

Da staunst du sicher!
In Ägypten hat man das Skelett eines riesigen Dinosauriers gefunden. Er hatte einen 30 Meter hohen Hals (so viel wie 10 Stockwerke!) und wog 80 Tonnen.

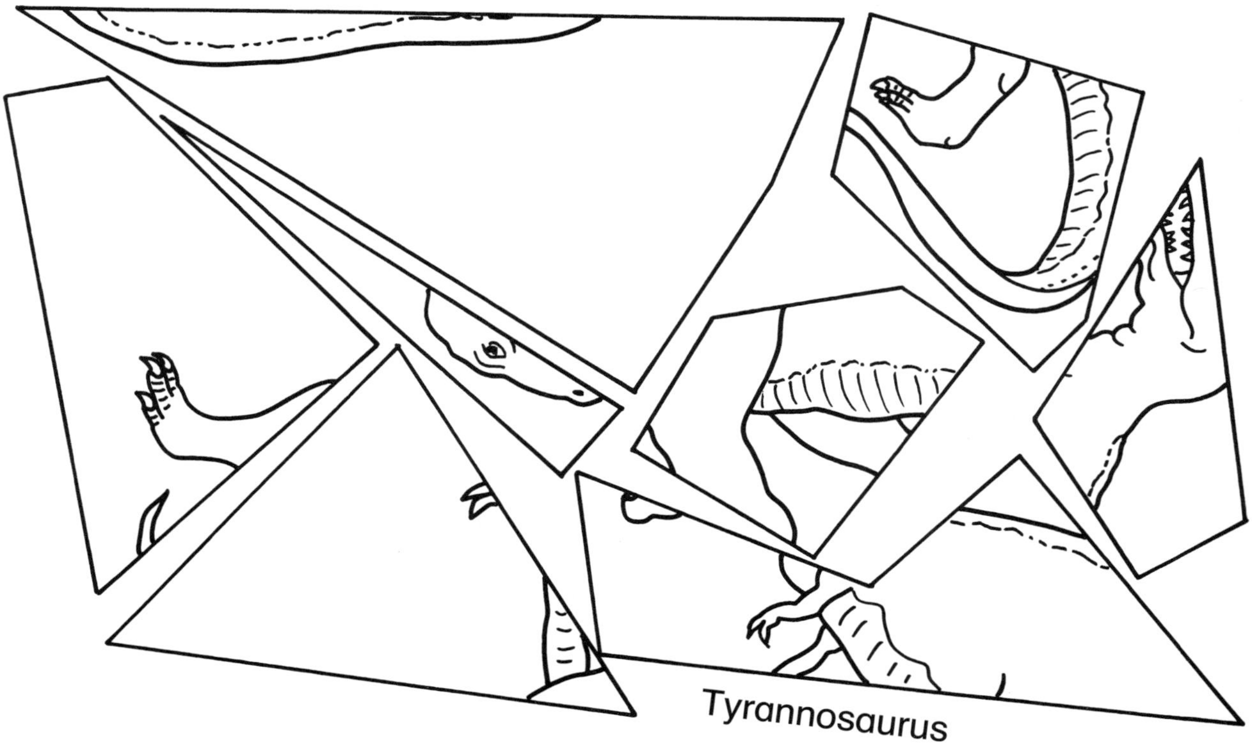

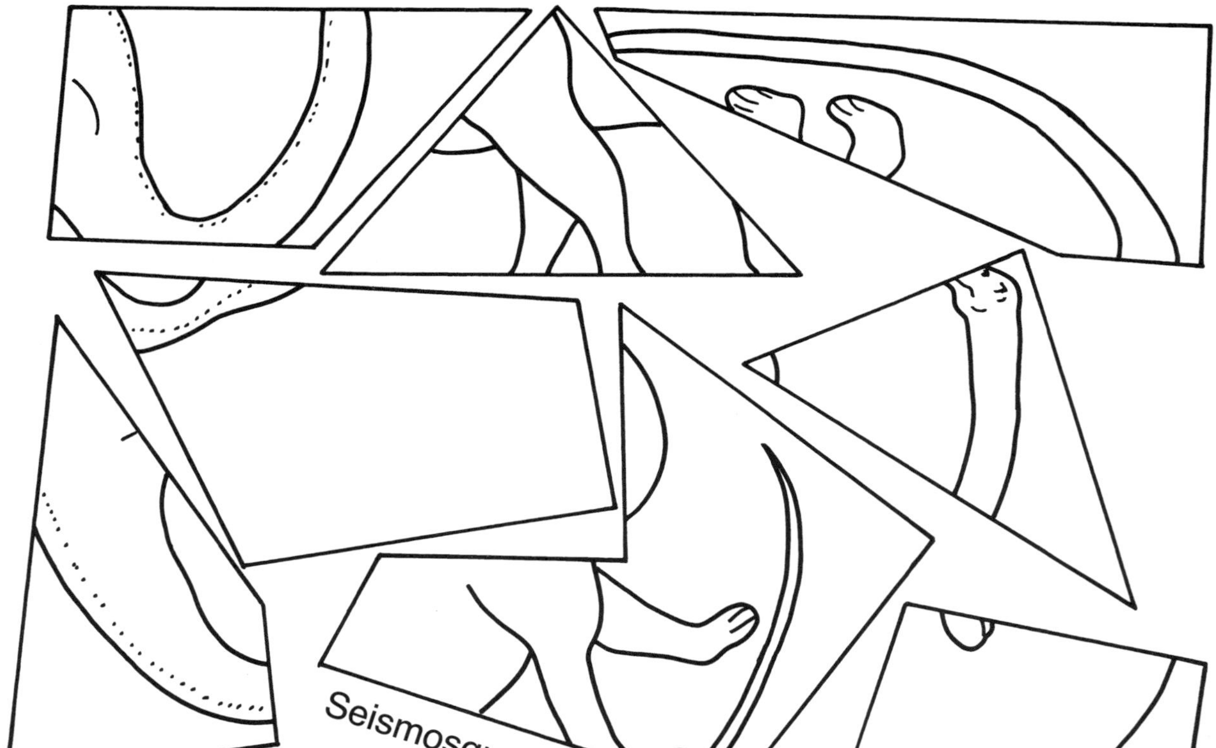

A B C D E F G H I J K L M N O P Q R S T U V W X Y Z

Der Maikäfer – Die Entwicklung eines Tieres

Der Maikäfer krabbelt im Mai aus der Erde. Er lebt als Käfer nur wenige Wochen. Er frisst Blätter und Knospen und schwirrt abends und nachts um die Bäume. Wenn Maikäfer in Massen auftreten, können sie Bäume ganz kahl fressen.

Das Weibchen legt nach und nach etwa 70 Eier in der Erde ab. Erst nach ungefähr vier Jahren ist der Maikäfer voll entwickelt. Nach 4 bis 6 Wochen schlüpfen aus den Eiern kleine, weiße Larven, die Engerlinge. Sie ernähren sich unter der Erde von Pflanzenwurzeln. Im Herbst kriechen die Engerlinge tiefer in die Erde und fallen in Kältestarre. Im Frühjahr erwachen sie wieder und fressen die Wurzeln von Gras, Getreide und Kartoffeln.

Der Engerling überwintert noch zweimal, dann verpuppt er sich. Im Oktober schlüpft der fertige Käfer aus. Er bleibt aber bis zum Frühjahr unter der Erde. Erst im Mai beginnt er sein kurzes Leben als fliegender Maikäfer.

Schreibe die Namen unter die Bilder.

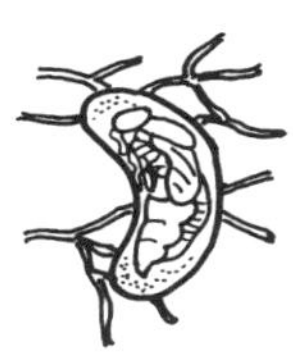
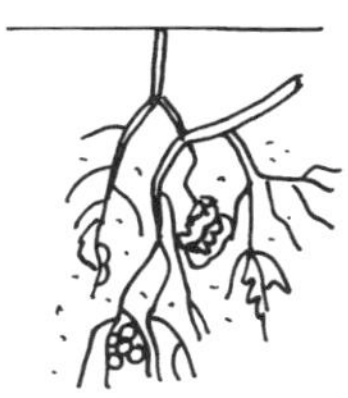

Hier sind die Sätze durcheinandergeraten. Kannst du sie entsprechend dem Text ordnen? Schreibe Zahlen in die Kästchen.

☐ Später erstarren sie zu Puppen.

☐ Bis zum Frühjahr bleibt er unter der Erde.

☐ Das Weibchen legt etwa 70 Eier in die Erde.

☐ Der Maikäfer krabbelt im Mai aus der Erde.

☐ Aus den Eiern entstehen zuerst Larven; sie heißen Engerlinge.

☐ Die Maikäfer fressen Blätter und Knospen.

☐ Im Oktober schlüpft der fertige Maikäfer aus.

Ordne die Bilder durch Nummerieren den passenden Sätzen zu.

1 Luft ist unsichtbar.
2 Wir brauchen Luft zum Atmen.
3 Luft kann bewegen und antreiben.
4 Luft trägt.
5 Zusammengepresste Luft federt.
6 Luft kann man einsperren und zusammenpressen.
7 Zusammengepresste Luft übt Druck aus und gibt ihn weiter.

Von der Luft

„Nun bin ich schon den ganzen Tag
an der Luft“, sagte der Knirps.
„Ich habe den See, den Fluss,
das Meer und die Bäume gesehen.
Nur die Luft konnte ich
nirgends entdecken.“
„Na, dann halte dir mal den Mund
und die Nase zu“, sagte die Luft.
Der Knirps tat es.
Aber nicht lange.
Dann schrie er: „Hilfe,
ich ersticke!“
„Merkst du nun, dass es mich gibt?
Du brauchst mich zum Atmen“,
sagte die Luft. „Und guck dich um:
Wieso bewegen sich die Äste?
Warum flattern die Blätter?“
„Das macht der Wind“,
sagte der Knirps,
„den kann ich spüren.“
„Du! Wenn ich mich bewege,
bin ich der Wind.
Da ist ein Vogel, der segelt auf mir.
Dort ist eine Windmühle.
Ich drehe ihre Flügel.
Ich trage die Wolken.
Ich bringe den Regen.
Ich bringe den Schnee.
Ich mache auch den Himmel
wieder blank und blau –
denn ich stehe fast nie still,
ich bin meist in Bewegung.“
„Ja, ja, das glaube ich dir“,
schrie der Knirps. „Ich fliege ja
selbst fast davon.“

Max Kruse

Lies dir die Geschichte von Max Kruse durch. Über welche Punkte gibt dir der Text Auskunft? Schreibe die Zeilennummer dahinter.

1 ______ **2** ______ **3** ______ **4** ______

5 ______ **6** ______ **7** ______

Hier sind zwei Texte durcheinandergeraten. Sicher findest du schnell heraus, um welche Tiere es sich handelt.

____________________ ____________________

Unterstreiche die zu einem Tier gehörenden Sätze in einer Farbe.

Sie lebt in der Nähe des Menschen und gehört zu den Nagetieren. Sie wurde vom Menschen gezähmt und hat nur noch wenig von einem Raubtier. Sie jagt gerne Mäuse und Ratten. Die langen Schnurrhaare helfen ihr zu fühlen und zu tasten. Sie vermehrt sich sehr schnell. Das Weibchen bringt bis zu 10 Junge zur Welt. Zweimal im Jahr bringt sie 4 bis 6 Junge zur Welt. Die Jungen sind zunächst blind und öffnen erst am 9. Tag nach ihrer Geburt die Augen. Die Jungen sind völlig nackt und zunächst blind. Sie wachsen so schnell, dass sie schon nach 3 Monaten Junge bekommen können. Sie sind sehr verspielt und toben ausgelassen. Nach 6 bis 8 Wochen werden sie selbstständig. Sie sind Allesfresser und nagen mit ihren scharfen Zähnen an allem Essbaren.

Findest du die beiden Tiere in dem Suchbild? Male sie an.

A B C D E F G H I J K L M N O P Q R S T U V W X Y Z

Mit den Sinnen können wir Dinge erkennen.

Verbinde mit Pfeilen.

Mit den Augen kann ich	riechen.
Mit der Nase kann ich	hören.
Mit dem Mund kann ich	tasten und fühlen.
Mit den Ohren kann ich	schmecken.
Mit den Händen kann ich	sehen.

Überlege, welche Sinne dir Auskunft über die folgenden Aussagen geben.
Schreibe dahinter: Geruchssinn, Gehörsinn, Tastsinn, Sehsinn, Geschmacksinn

Mutter benutzt ein neues Parfüm. ______

„Au, der Stein war spitz!“ ______

„Lecker, die Hühnersuppe.“ ______

Das Bild gefällt mir besonders gut. ______

Es knistert. ______

„Warst du beim Friseur?“ ______

„Dein Pullover ist so flauschig und weich.“ ______

Das Essen ist versalzen. ______

Die Äpfel sehen zwar toll aus,
schmecken aber ziemlich sauer. ______

Im Dunkeln kann ich nichts erkennen. ______

Das Wasser ist ziemlich kalt. ______

Die Musik ist sehr schön. ______

Der Ball ist hart aufgepumpt. ______

A B C D E F G H I J K L M N O P Q R S T U V W X Y Z

Familie Brilli

In der Familie Brilli geht alles ganz normal zu. Vater Willi ist Schlosser und Mutter Cilli ist Hausfrau. Die Tochter Milli geht in die Realschule, und ihr Bruder Billi kommt gerade heute in die Schule.

Sofort fällt er auf. „Billi, warum lachst du denn die ganze Zeit?“, fragte die Lehrerin. „Nun“, meinte Billi, „die Sonne scheint so schön und lacht mich an, da schaue ich immer in sie hinein und lache ganz lange zurück.“

Da brach die Klasse in schallendes Gelächter aus. Nur die Lehrerin machte ein ernstes Gesicht. „Billi, ich muss mit deiner Mutter reden!“ Billi wiegte seinen Kopf hin und her und entgegnete dann: „Meine Mutter hat überhaupt keine Zeit. Sie sitzt immer vor dem Fernseher, ganz nah, damit sie alles mitbekommt.“

„Ja, dann sollte dein Vater mal hier vorbeikommen, mit irgendeinem aus deiner Familie muss ich doch wohl sprechen können“, warf die Lehrerin schon ziemlich verzweifelt ein. „Das geht auch nicht“, erwiderte Billi, „mein Vater ist der beste Schweißer in seiner Firma, er muss immer bis abends spät arbeiten. Sie müssen nämlich wissen, dass er ohne Schutzbrille die feinsten Stellen schweißen kann.“

Man hätte meinen können, dass die Lehrerin gleich platzen würde. „Aber so geht das nicht, Billi. Ich könnte ja auch mit deiner älteren Schwester mal reden. Schicke sie mir bitte vorbei.“ Billi grübelte ein bisschen. „Die hat auch keine Zeit.

Gleich nach der Schule fängt sie an, Kleider zu nähen und fuchtelt, wenn sie dann redet, mir mit der Schere immer vor den Augen herum. Dann hat sie Tauchkurs im Hallenbad. Mit den roten Augen davon findet sie nur noch den Heimweg, aber nicht mehr hierher zur Schule."

„Gut", meinte die Lehrerin, „dann muss ich deiner Familie ein paar Zeilen schreiben." Sie setzte sich mit dem Rücken zum Fenster, schrieb einen kurzen Brief und gab ihn Billi für seine Eltern mit.

Da Billi schon ein wenig Angst hatte, gab er den Brief zunächst seiner Schwester, damit sie ihm sagen könne, was darin steht. „Gut, heute Abend, wenn ich unter der Bettdecke mit der Taschenlampe das dicke Buch ausgelesen habe, werde ich den Brief auch noch lesen. Morgen sage ich dir dann Bescheid."

Lies die Geschichte. Geht bei Familie Brilli alles normal zu?
Welchen Fehler macht die Lehrerin?
Markiere die Textstellen, in denen du Gefahren für die Augen findest.
Schreibe so auf:

Schaue nicht in die grelle Sonne!

Wenn die Tüten knallen …

Lies die unten stehende Bastelanleitung für eine Knalltüte durch und nummeriere die Bilder mit den entsprechenden Zahlen.

1. Falte ein DIN-A4-Blatt jeweils in der Mitte einmal längs und einmal quer. Öffne es dann wieder.

2. Biege alle vier Ecken zur Mitte hin.

3. Falte nun das Papier entlang der senkrechten Mittellinie zur Hälfte.

4. Knicke nun die eine Ecke zur Mitte hin.

5. Knicke die zweite Ecke zur Mitte hin.

6. Falte das Papier zu einem Dreieck zusammen.

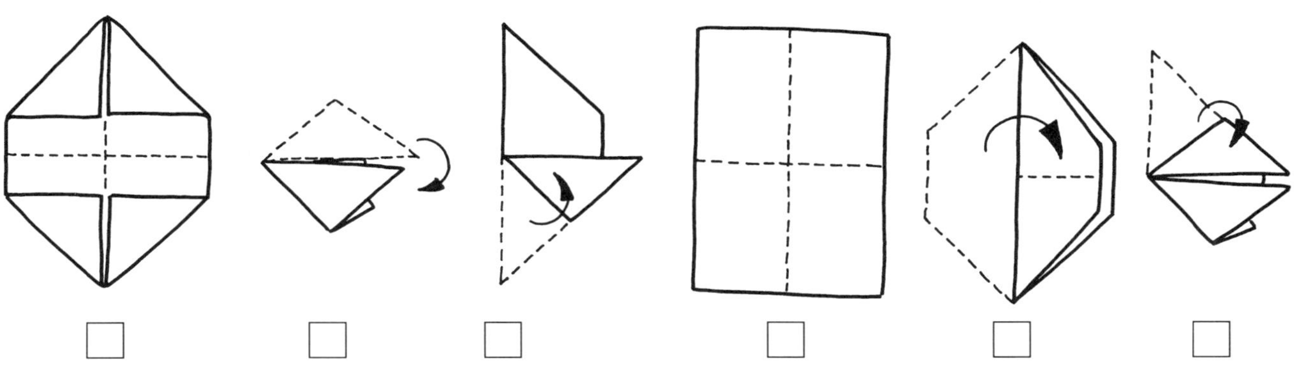

Nimm nun die beiden oberen Ecken fest in die Hand und schlage das Papier schnell nach unten.

Viel Spaß!

Wusstest du, dass …
der Knall entsteht, weil durch das Herausschnellen der Papierklappe Luft in Bewegung gesetzt wird? Es entsteht eine Schallwelle, die du als Knall hörst.

Folgendes musst du beachten:

- ➔ Du rufst die Feuerwehr an.
  Telefonnummer: ____________
- ➔ Wer ruft an? Sage deinen vollständigen Namen.
- ➔ Sage, wo du wohnst: Ort, Straße, Hausnummer.
- ➔ Sage, wo es brennt.
- ➔ Sage, wo du dich befindest.
- ➔ Gibt es Verletzte?
- ➔ Warte und beantworte Rückfragen.

Lies den folgenden Text:

Heike ist allein zu Hause. Sie spielt in ihrem Zimmer im 1. Stock. „Es riecht so komisch“, denkt sie. Sie geht aus ihrem Zimmer und sieht Rauch. „Der muss unten aus der Küche kommen!“, ruft sie ängstlich. Heike erinnert sich an das, was sie in der Schule gelernt hat. In Papas Arbeitszimmer ist ein Telefon. „Zum Glück muss ich nicht die Treppe herunter, um zu telefonieren“, murmelt sie. Papas Arbeitszimmer ist auf dem gleichen Stockwerk. Sie überlegt kurz, ob sie aus dem Fenster um Hilfe rufen soll. Um diese Zeit ist aber niemand auf der Straße. Heike telefoniert.

Heike hatte großes Glück, denn der Nachbar, Herr Berger, sah den Rauch aus dem Dach aufsteigen. Er konnte das Kind unverletzt aus dem Haus holen.

„Hallo, hier ist Heike. Es brennt bei uns. Der Qualm kommt aus der Küche. Außer mir ist niemand im Haus. Ich habe gerade mit meiner Puppe gespielt. Ich habe Angst, kommt schnell!“ Sie legt den Hörer auf und geht in ihr Zimmer zurück.

Hat Heike alles richtig gemacht? Falls sie etwas vergessen hat, schreibe es auf.

Warum gibt es Tag und Nacht?

Tag und Nacht entstehen durch die Sonne und die Drehung der Erde. Die Sonne ist immer da, aber du kannst sie nicht immer sehen, weil sich die Erde dreht. In dem Teil der Erde, der von der Sonne abgewandt ist, ist Nacht. Die Erde braucht 24 Stunden, um sich einmal um die eigene Achse zu drehen. Ungefähr die Hälfte der Zeit ist die Erde der Sonne zugewandt. Dann ist Tag. Am Tage sieht es so aus, als ob die Sonne sich bewegt. Es ist aber die Erde, die sich um die Sonne dreht.

Ist es bei dir jetzt Tag oder Nacht? Kreuze an: ☐ Tag ☐ Nacht

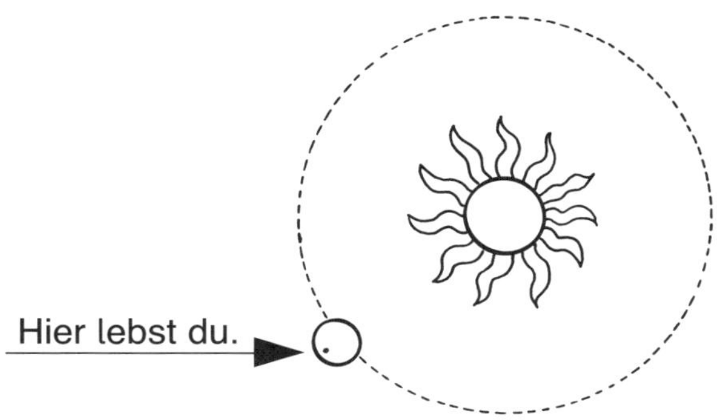

Der Mond dreht sich um die Erde. Dafür braucht er etwa einen Monat (daher kommt das Wort).

Kannst du den Mond mit seiner Bahn einzeichnen?

Das Tag- und Nachtspiel macht dir alles ganz leicht verständlich:

Mama ist die Sonne. Du bist die Erde. Papa ist der Mond.

Setze in den Text folgende Wörter ein:
Vollmond, Halbmond, Tag, Nacht.

Du drehst dich um die eigene Achse. Bewege aber deinen Kopf nicht! Wenn du Mama siehst, ist es ____________. Wenn du sie nicht siehst, ist es ____________. Papa dreht sich langsam um dich herum. Wenn du ihn ganz siehst, ist es ____________________. Wenn du ihn zweimal nur halb siehst, ist es ____________________. Einmal siehst du ihn gar nicht. Dann steht der Mond zwischen Erde und Sonne. Das nennt man Neumond.

Kreuze die Aussagen an, die eine richtige Ernährung beschreiben. Wenn du die Buchstaben der Reihenfolge nach einträgst, erhältst du ein Lösungswort.

Es geht auch ohne ☐☐☐☐☐☐☐☐☐☐.

- [S] Vollkornbrot ist gesund.
- [P] Öfter mal etwas Süßes.
- [C] Abwechslungsreiche Ernährung ist gesund.
- [H] Lieber einen Apfel als einen Schokokuss.
- [A] Täglich dreimal Pommes frites.
- [B] Weißbrot ist besser als andere Brotsorten.
- [O] Die Milch macht's!
- [U] Spät abends noch einen Schweinebraten.
- [E] Reine Sahne, fette Soßen.
- [K] Öfter eine kleine Zwischenmahlzeit als einmal sehr viel essen.
- [O] Wie ein Kaiser frühstücken, wie ein König zu Mittag essen, wie ein Bettler zu Abend essen.
- [S] Von Sahnetorte, Wurst und Speck nimmt man ab.
- [M] Mengen von Schokolade und Marzipan sind gesund.
- [L] Rohes Gemüse, Salat und Obst sind gesund.
- [N] Salat mit viel, viel Mayonnaise.
- [R] Recht viel Zucker macht dich munter.
- [A] Zum Nachtisch Obst mit Quark.
- [K] Kaffee ist der einzige Muntermacher.
- [T] Fruchtmilch ohne Zucker, wer mag das schon?
- [D] Haferflocken und Milch, da bin ich den ganzen Morgen fit.
- [W] Torte, aber bitte mit Sahne.
- [Z] Nudeln machen schlank!
- [E] Beim Fernsehen eine Apfelsine essen.

Meine Bücher

1 Ich liebe meine Bücher,
2 jedes Buch ist ein Haus.
3 Die Leute darin
4 kommen im Winter heraus.

5 Es kommen zu mir
6 Bettler, Prinz und Pilot,
7 Max und Moritz,
8 Schneeweißchen und Rosenrot.

Josef Guggenmoos

Dieses Gedicht von Josef Guggenmoos kann man in drei Abschnitte einteilen.
Schreibe die Zeilennummern dazu:

Abschnitt 1 ____________________

Abschnitt 2 ____________________

Abschnitt 3 ____________________

Welche Sätze passen zu welchem Abschnitt? Trage die Zahlen ein.

________ Wenn ich lese, werden die Figuren lebendig.

________ In jedem Buch wird eine andere Geschichte erzählt.

________ In einer Jahreszeit wird am meisten gelesen.

____________ ____________ ____________ ____________

____________ ____________ ____________ ____________

Gib deinen Häusern die Namen deiner Lieblingsbücher.
Kannst du Figuren nennen, die in deinen Büchern vorkommen?

Ich male

Ich mal' mit Farben Katz' und Hund,
wie ich sie gerne hätt':
die Katze gelb und kugelrund,
den Hund gestreift und kunterbunt
und beide sehr, sehr nett.

Sie spielen Hasch mit einer Maus –
die mal' ich grün kariert;
so sieht auch sie sehr lustig aus
und springt vergnügt ums lila Haus,
vor dem das Spiel passiert.

Nun ist noch für die Sonne Platz,
sonst bleibt der Himmel grau;
doch alles Gelb im Farbenschatz
verbrauchte ich schon für die Katz' –
drum, Sonne, wirst du blau!

Rudi Strahl

In welcher Reihenfolge wird angemalt?

- 2 Hund
- 4 Haus
- 5 Sonne
- 7 Katze
- 3 Maus
- 6 Himmel

A B C D E F G H I J K L M N O P Q R S T U V W X Y Z

Wusstest du das schon?

Nebel entsteht, wenn warme und feuchte Luft abkühlt. Dabei bilden sich sehr kleine schwebende Wassertröpfchen. Nebel ist nichts anderes als tief liegende Wolken.

Wenn die Nebelfrau kocht

Wer hockt hinterm Berge,
verhuzelt und grau?
Die alte Hexe, die Nebelfrau.

Sie schöpft aus der Pfütze,
kocht graudicke Grütze.
Mischt Wasser mit Luft,
mengt Sonne mit Tau.
Das gibt eine Suppe!
Das gibt ein Gebräu!

Ein Löffel Warm,
zwei Handvoll Kalt –
schon brodelt's am Berge.
Schon dampft der Wald.

Eine Prise Wind,
halb kalt, halb lau. –
Hihi, so schmeckt es der Nebelfrau.

Die Grütze blubbert,
steigt über den Rand.
Hu, was für ein Nebel!
Verschwunden das Land.

Hanna Hanisch

1. Kannst du erklären, warum die Nebelfrau als Hexe bezeichnet wird?

____

____

2. Was passiert, wenn du an sehr kalten Tagen im Freien ausatmest?

   Probiere es aus! Setze folgende Wörter ein:
   Wolke, warme, ausatmet, feuchte, kalte.

   Wenn man ____________, trifft die ____________ und ____________ Atemluft auf ____________ Luft. Es entsteht eine kleine ____________.

3. Stelle selbst Nebel her.

   Gieße in eine saubere Flasche heißes Wasser (6 cm hoch). Lege einen Eiswürfel auf die Flaschenöffnung. Du stellst fest:

   Das heiße Wasser in der Flasche ____________. Es steigt mit der ____________ Luft hoch und ____________ durch das Eis ab.

   In der Flasche bildet sich ____________.

   Setze folgende Wörter ein: *Nebel, kühlt, verdunstet, erwärmten.*

Herr Dickbauch und Frau Dünnebein

Es war einmal ein dicker Mann,
der aß nur süßes Marzipan.
Doch seine Frau aß Saures nur
und war so dünn wie eine Schnur.
Er blies am frühen Morgen schon
mit vollen Backen Saxofon.
Sie zupfte Harfe stundenlang,
wozu sie zarte Lieder sang.
Er fühlte sich am See gesund
und tauchte kühn bis auf den Grund.
Sie konnte keine Wellen sehn
und kletterte auf Bergeshöhn.
Er fuhr im Auto nur herum,
die Augen stier, die Lippen stumm.
Sie schwang sich lieber auf ein Rad
und kannte jeden Wiesenpfad.
Er schenkte ihr mit viel Genuss
stets einen langen Morgenkuss.
Das aber machte ihr Verdruss,
sie liebte nur den Abendkuss.
Und doch vertrugen sie sich gut
und kamen unter einen Hut.

Alfred Könner

Herr Dickbauch und Frau Dünnebein sind sehr verschieden. Und doch kommen sie gut miteinander aus. In welchen Zeilen kommt dies zum Ausdruck?

____

Wodurch unterscheiden sich die beiden? Kreuze an!

- ☐ Vom Körperumfang
- ☐ Herr Dickbauch verdient mehr
- ☐ Frau Dünnebein muss länger arbeiten
- ☐ Sie haben unterschiedliche Interessen

Was liebt Herr Dickbauch? Was liebt Frau Dünnebein?

Herr Dickbauch	Frau Dünnebein

A B C D E F G H I J K L M N O P Q R S T U V W X Y Z

Der kleine Riese wächst nicht. Das macht ihn sehr traurig. Wenn du mehr über den kleinen Riesen erfahren willst, lies das Buch von Irina Korschunow: „Es muss auch kleine Riesen geben."

Der kleine Riese will größer werden

Die Zeit vergeht und der kleine Riese ist immer noch der Kleinste im Land. Jeder kann ihm auf den Kopf spucken. „So geht das nicht weiter", sagt die dünne Oma. „Unser Hutzel muss Spinat essen, viel Spinat. Das ist gut fürs Wachsen." „Und Haferbrei", sagt die dicke Oma. „Spinat mit Haferbrei, davon wird der Krümel größer." Und Bittertee trinken", sagt Tante Lulatsch. „Davon bekommt er starke Muskeln." „Und Klimmzüge machen", sagt Papa Mac. „Jeden Tag zwanzig Klimmzüge. Und hört auf mit Hutzel und Krümel. Mein Sohn heißt Langhans." Der kleine Riese findet Spinat eklig. Auch Haferbrei mag er nicht und erst recht keinen Bittertee. Er mag Erdbeereis und Gummibärchen. Er mag Spaghetti mit viel Soße und Pommes mit Mayo. Doch nun liegen auf seinem Teller immer nur grüne und weiße Kleckse, und weil er wachsen will, schluckt er alles herunter, trinkt Bittertee dazu und macht Klimmzüge. Aber es nützt überhaupt nichts. Er bleibt trotzdem der Kleinste im Riesenland.

Lies den Textabschnitt.
Was muss der kleine Riese machen, um zu wachsen? Unterstreiche diese Textstellen rot.
Was mag der kleine Riese viel lieber? Unterstreiche diese Textstellen grün.

Das kleine Schlossgespenst ist ziemlich einsam. Es möchte sich einen Freund suchen.

Lies den nachstehenden Text aus „Das Schlossgespenst“ von Mira Lobe aufmerksam durch.

Es setzte sich in seine Hängematte, schaukelte auf und ab und rief: „Freund! Ich komme nicht zu dir! Freund, ich hol dich her zu mir!“ Dann flog es blitzschnell durch sein Schloss, vom gelben Salon in den roten, vom roten Salon in den grünen, vom grünen Salon in den blauen. Im blauen Salon hingen viele Bilder. Das kleine Gespenst pflückte sich eines von der Wand und drehte es um. Dann holte es ein Stück Holzkohle aus dem Ofenloch und fing an zu schreiben:

Einsames Schlossgespenst hat die Langeweile gründlich satt und sehnt sich nach freundlichem Freund und Zeitvertreiber …

Aber so weit kam es nicht mit dem Schreiben. „Halt! Ich muss mir was Kürzeres aussuchen. Denn so ein langer Satz hat auf dem Bild nicht Platz!“ Mit einer Portion Gespensterspucke putzte es die Wörter wieder weg und kritzelte:

Lieber Freund, ich suche dich! Komm ins Schloss und finde mich!

Immer noch zu lang! Das kleine Gespenst spuckte wieder und schrieb neu:

Schlossbewohner dringend gesucht!

„Das genügt!“, sagte das kleine Gespenst. „In der Kürze liegt die Würze!“

A B C D E F G H I J K L M N O P Q R S T U V W X Y Z

Weißt du noch alles? Nachschauen im Text ist nicht erlaubt.

Das Schlossgespenst flog
- ☐ vom gelben in den roten, in den grünen und blauen Salon.
- ☐ vom Dach bis in den Keller.
- ☐ vom Erdgeschoss bis in das Dach.

Das Schlossgespenst schrieb
- ☐ auf ein Plakat.
- ☐ auf die Rückseite eines Bildes.
- ☐ auf die Vorderseite eines Bildes.

Es benutzte dazu
- ☐ Kreide.
- ☐ Füller.
- ☐ Holzkohle.

Zum Schluss blieb vom Text übrig:
- ☐ Schlossbewohner dringend gesucht!
- ☐ Freund dringend gesucht!
- ☐ Schlossgespenst sucht Freund!

Das Schlossgespenst ist mit dem Text zufrieden und meint:
- ☐ In der Würze liegt die Kürze.
- ☐ Kurz und gut.
- ☐ In der Kürze liegt die Würze.

Wenn man auf die Schnauze fällt

Es waren einmal drei Kinder in einem Park, die fielen auf die Schnauze. Sofort kam eine Mutter angerannt und schrie ihr Kind an: „Kannst du nicht aufpassen? Wie oft hab ich dir schon gesagt, du sollst schauen, wo du hinsteigst! Erst schauen, dann gehen. Und überhaupt brauchst du nicht so zu rennen! Kannst du nicht normal gehen wie ein normaler Mensch? Da, putz dich ab, schau, wie du aussiehst, nichts als genieren kann man sich mit dir! Und jetzt geh und pass besser auf, ja!“ Und die zweite Mutter kam angerannt, hob ihr Kind auf und putzte es ab und sagte: „Schatzi, was hast du, ist dir was passiert, hast du dir weh getan? Musst aufpassen, darfst nicht immer so schnell laufen, sonst tust dir noch einmal ganz furchtbar weh, gell! Oje, oje, oje, bist wieder ganz schmutzig! Da schau, tu dich abputzen, dass du wieder mein schönes Bubi bist! So, und jetzt pass schön auf und tu brav spielen, ja, die Mutti strickt derweil ein bissi! Das dritte Kind hatte auch eine Mutter im Park. Die schaute nur einmal kurz, und als sie sah, dass noch alle wichtigen Teile dran waren an ihrem Kind, las sie weiter in ihrer Zeitung.

„Die da kümmert sich wohl überhaupt nicht um ihr Kind!“, sagten die beiden anderen Mütter zueinander, als sie wieder zu ihrer Bank zurückmarschierten.

Martin Auer

Wie verhalten sich die Mütter? Schreibe die passenden Wörter dazu auf.

Mutter 1

Mutter 2

Mutter 3

zu beschützend

meckert

normal

albern

vorwurfsvoll

zu sorgenvoll

predigt

schimpft

zu fürsorglich

zu mitleidsvoll

Lies den Text einmal deiner Mutter vor und frage sie, wie sie sich verhalten hätte.
Du kannst ihre Antwort auch aufschreiben.

Dies ist ein Auszug aus dem Buch „Hanno malt sich einen Drachen“ von Irina Korschunow.

„Beeil dich, Hanno!“, ruft die Mutter. „Du willst doch pünktlich in der Schule sein.“

Pünktlich? Nein. Im Gegenteil. Am liebsten möchte Hanno überhaupt nicht mehr hingehen. Weil er so dick ist und die anderen ihn auslachen. Dabei hat er sich so gefreut, als er im Herbst mit dem neuen Ranzen zur Schule gekommen ist. Doch Ludwig Hall, der hinter ihm sitzt, hat gleich am ersten Tag „Bratwurstfriedhof“ zu ihm gesagt. Und „Fußballbauch“. Seitdem hat Hanno Angst vor der Schule. Er möchte zu Hause bleiben. Aber er darf nicht.

„Viel Spaß, Hanno“, sagt die Mutter. Sie bringt ihn zur Tür und winkt. Langsam, ganz langsam macht Hanno sich auf den Weg. Er geht über die Straße und durch den Park, er geht über den Schulhof und in seine Klasse. „Der Bratwurstfriedhof ist da!“, ruft Ludwig Hall. Ein paar Kinder lachen, und Ludwig kommt und schubst Hanno gegen die Bank. Hanno möchte ihn auch schubsen. Oder ihm einen Tritt geben. Doch er traut sich nicht. Er denkt, dass Ludwig stärker ist und viele Freunde hat, die ihm helfen. Hanno hat keinen Freund. Er sitzt auf seinem Platz und ärgert sich und ist traurig. Er kann nicht aufpassen, so traurig ist er.

„Du bist dran, Hanno“, sagt Frau Beck, die Lehrerin. Hanno hört es nicht. „Hanno!“, ruft Frau Beck. „Wach auf! Du sollst lesen.“ Hanno zuckt zusammen. Er stottert und stammelt und bringt alle Buchstaben durcheinander. Da lachen die Kinder wieder, und Frau Beck sagt: „Du musst nicht immer schlafen, Hanno. Dazu ist die Nacht da.“

Mit dem Rechnen geht es ihm nicht besser, und in der Zeichenstunde mag er gar nicht erst anfangen, ein Bild zu malen. Ich kann es doch nicht,

A B C D E F G H I J K L M N O P Q R S T U V W X Y Z

denkt er. Am schlimmsten aber wird es beim Turnen. Alle anderen Kinder sind schneller als er, und den Ball bekommt er nie. „Der Bratwurstfriedhof ist viel zu fett. Der kann nicht mal ein Bein hochheben“, sagt Ludwig Hall. Wirklich, Hanno hat es satt. Er mag nicht mehr zur Schule gehen.

Versuche Hanno anhand des Textes zu beschreiben. ______________________

____

____

Wie verhält sich Ludwig Hall gegenüber Hanno? ______________________

____

____

Deshalb möchte Hanno nicht mehr in die ______________________ gehen.

Wie könnte man Hanno helfen? Kreuze an, welche Möglichkeiten du am besten findest. Vielleicht hast du auch noch eine zusätzliche Idee!

- ☐ Ich würde mich neben Hanno setzen, dann ist er nicht mehr so allein.
- ☐ Ich würde ihm sagen, dass er abnehmen soll.
- ☐ Ich würde ihn einmal einladen.
- ☐ Ich würde ihm raten, sich zu wehren.
- ☐ Ich würde ihm helfen, Ludwig Hall zu verhauen.
- ☐ Ich würde ihm sagen, dass er Ludwig einfach nicht beachten soll, dann hört er vielleicht auf.
- ☐ Ich würde ihm raten, mit Ludwig in aller Ruhe zu reden.
- ☐ Ich würde mit Hanno überlegen, über was sich Ludwig Hall ärgern würde.
- ☐ Ich würde Hanno raten, mit der Lehrerin zu reden.

Wenn du den Titel des Buches liest und das Bild anschaust, was fällt dir dabei ein?

Pippi geht in die Schule

… „Aber was meinst du, wollen wir nicht jetzt mal sehen, was du kannst? Du bist ja ein großes Mädchen und kannst sicher schon eine ganze Menge. Wir können vielleicht mit Rechnen anfangen. Na, Pippi, kannst du mir sagen, wie viel 7 und 5 ist?“

Pippi sah die Lehrerin erstaunt und ärgerlich an. Dann sagte sie: „Ja, wenn du das nicht selbst weißt, so glaube nicht etwa, dass ich es dir sage.“

Alle Kinder starrten Pippi entsetzt an. Und die Lehrerin erklärte ihr, dass man in der Schule nicht solche Antworten geben dürfe. Man könne sie auch nicht mit „du“ anreden, sondern man müsse „Fräulein“ und „Sie“ sagen.

„Ich bitte sehr um Verzeihung“, sagte Pippi bedauernd. „Das wusste ich nicht. Ich will es nicht wieder tun.“ „Nein, das will ich hoffen“, sagte die Lehrerin. „Und jetzt will ich dir sagen: 7 und 5 ist 12.“

„Sieh mal“, sagte Pippi, „du wusstest es ja. Warum fragst du dann? Ach, ich Schaf, jetzt sage ich wieder ‚du‘ zu dir. Verzeihung“, sagte sie und kniff sich selbst ordentlich ins Ohr.

Die Lehrerin beschloss, darüber hinwegzusehen und setzte die Prüfung fort. „Na, Pippi, wie viel, glaubst du, dass 8 und 4 ist?“

„So ungefähr 67“, meinte Pippi.

„Aber nein“, sagte die Lehrerin, „8 und 4 ist 12.“ „Nein, meine kleine Alte, das geht zu weit“, sagte Pippi.

Kannst du dir vorstellen, wie Pippis Zeichenstunde aussieht?

„Eben erst hast du gesagt, 7 und 5 ist 12. Ordnung muss sein, selbst in einer Schule. Übrigens, wenn du so eine kindische Freude an solchen Dummheiten hast, warum setzt du dich nicht allein in eine Ecke und rechnest und lässt uns in Ruhe, damit wir Haschen spielen können? – Aber nein, jetzt sage ich ja *wieder* ‚du'!", schrie sie entsetzt. „Kannst du mir noch dieses letzte Mal verzeihen? Dann will ich versuchen, in Zukunft besser daran zu denken."

Die Lehrerin sagte, sie wolle das tun. Aber sie glaubte nicht, dass es Zweck hätte, Pippi etwas mehr Rechnen beizubringen. Sie fing statt dessen an, die anderen Kinder zu fragen.

„Kannst du mir die Frage beantworten, Thomas: Wenn Lisa 7 Äpfel hat und Anton hat 9, wie viel Äpfel haben sie zusammen?"

„Ja, sag es, Thomas", fiel Pippi ein. „Und dann kannst du mir gleich auch noch sagen, warum Lisa Bauchschmerzen kriegt und Anton noch mehr Bauchschmerzen und wessen Schuld das ist und wo sie die Äpfel geklaut haben."

Astrid Lindgren hat lustige Bücher über Pippi Langstrumpf geschrieben. In dieser Geschichte will Pippi unbedingt in die Schule, weil sie dann Weihnachtsferien bekommt. Aber so einfach ist das nicht!

Jeweils zwei Textabschnitte von AB 69 und AB 70 gehören zusammen. Schneide sie aus und klebe sie so, dass es einen Sinn gibt.

A

„Kannst du mir die Frage beantworten, Thomas: Wenn Lisa 7 Äpfel hat und Anton hat 9, wie viel Äpfel haben sie zusammen?“ „Ja, sag es, Thomas“, fiel Pippi ein. „Und dann kannst du mir gleich auch noch sagen, warum Lisa Bauchschmerzen kriegt und Anton noch mehr Bauchschmerzen und wessen Schuld das ist und wo sie die Äpfel geklaut haben.“

B

„Ja, aber Pippi“, sagte die Lehrerin ungeduldig, „warum zeichnest du nicht auf dem Papier?“

C

„Aber was meinst du, wollen wir nicht jetzt mal sehen, was du kannst? Du bist ja ein großes Mädchen und kannst sicher schon eine ganze Menge. Wir können vielleicht mit Rechnen anfangen.“

D

„So ungefähr 67“, meinte Pippi. „Aber nein“, sagte die Lehrerin, „8 und 4 ist 12.“ „Nein, meine kleine Alte, das geht zu weit“, sagte Pippi. „Eben erst hast du gesagt, 7 und 5 ist 12. Ordnung muss sein, selbst in der Schule. Übrigens, wenn du so eine kindische Freude an solchen Dummheiten hast, warum setzt du dich nicht alleine in eine Ecke und rechnest und lässt uns in Ruhe, damit wir Haschen spielen können? – Aber nein, jetzt sage ich ja *wieder* ‚du‘!“, schrie sie entsetzt. „Kannst du mir nur noch dieses letzte Mal verzeihen?“

E

Na, Pippi, kannst du mir sagen, wie viel 7 und 5 ist?“ Pippi sah die Lehrerin erstaunt und ärgerlich an. Dann sagte sie: „Ja, wenn du das nicht selbst weißt, so glaube nicht etwa, dass ich es dir sage.“

F

„Na, Pippi, wie viel, glaubst du, dass 8 und 4 ist?“

G

„Das habe ich schon längst vollgezeichnet, aber auf dem lumpigen Stückchen Papier hat mein ganzes Pferd nicht Platz“, sagte Pippi. „Gerade eben bin ich bei den Vorderbeinen, aber wenn ich zum Schwanz komme, muss ich wohl auf den Korridor rausgehen.“

H

Aber sie glaubte nicht, dass es Zweck hätte, Pippi etwas mehr Rechnen beizubringen. Sie fing statt dessen an, die anderen Kinder zu fragen.

Wie verhält sich Pippi in der Schule? Unterstreiche die passenden Wiewörter.

lieb, lustig, gehorsam, frech, lebhaft, vorlaut, ruhig, unerzogen, schüchtern, fröhlich, eigensinnig, höflich, bescheiden

A B C D E F G H I J K L M N O P Q R S T U V W X Y Z

Sie sah so aus:

Ihr Haar hatte dieselbe Farbe wie eine Möhre und war in zwei feste Zöpfe geflochten, die vom Kopf abstanden. Ihre Nase hatte dieselbe Form wie eine ganz kleine Kartoffel und war völlig mit Sommersprossen übersät. Unter der Nase saß ein wirklich riesig breiter Mund mit gesunden weißen Zähnen. Ihr Kleid war sehr komisch. Pippi hatte es selbst genäht. Es war wunderschön gelb; aber weil der Stoff nicht gereicht hatte, war es zu kurz, und so guckte eine blaue Hose mit weißen Punkten darunter hervor. An ihren langen dünnen Beinen hatte sie ein paar lange Strümpfe, einen geringelten und einen schwarzen. Und dann hatte sie ein Paar schwarze Schuhe, die genau doppelt so groß waren wie ihre Füße. Die Schuhe hatte ihr Vater in Südamerika gekauft, damit sie etwas hätte, in das sie hineinwachsen könnte, und Pippi wollte niemals andere haben.

Worüber Thomas und Annika besonders die Augen aufsperrten, das war der Affe, der auf der Schulter des fremden Mädchens saß. Es war eine kleine Meerkatze mit blauen Hosen, gelber Jacke und einem Strohhut.

Wenn du mehr über Pippi Langstrumpf erfahren möchtest, lies das Buch: „Pippi Langstrumpf" von Astrid Lindgren.

Kannst du die andere Hälfte von Pippi malen? Vergiss den Affen nicht!

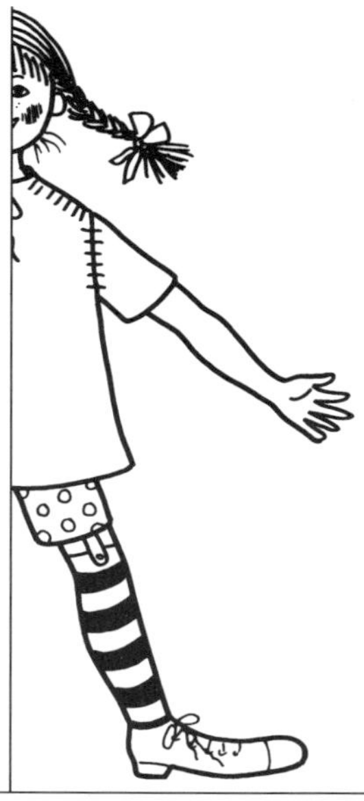

A B C D E F G H I J K L M N O P Q R S T U V W X Y Z

Oskar, der große Gorilla, stand auf der Galerie seines Käfigs, die an den Käfigwänden herumlief. Oskar klatschte in die Hände. Ein Mann auf der anderen Seite des Gitters klatschte ebenfalls in die Hände. Das ging eine Weile hin und her. Plötzlich riss Oskar ein Brett aus der Bretterwand hinter sich und schlug damit gegen das Gitter. Es ergab ein furchtbares Gedröhn. Da rief der Mann: „Tüchtig, Oskar! Du bist tüchtig!“ Oskar riss weitere Planken aus der Wand, dass die Splitter nur so flogen. Der Mann klatschte Beifall. Oskar klatschte auch. Auf einmal ließ er sich in Affengeschwindigkeit von seiner Galerie herunter, spuckte in seine Pranken und warf dem Mann seinen Speichel ins Gesicht. Klatsch! Das saß! Der Mann lachte und klatschte wieder Beifall. […]

Ilse von Heyst

Was macht Oskar? Bringe die Sätze durch Nummerieren in die richtige Reihenfolge. Fällt dir etwas auf? Schreibe deine Vermutungen auf!

☐ Oskar riss weiter Planken aus der Wand.
☐ Oskar riss ein Brett aus der Bretterwand.
☐ Oskar klatschte in die Hände.
☐ Oskar warf dem Mann Speichel ins Gesicht.

Überlege dir, wie sich der Gorilla verhält:

lustig, frech, wütend.

Unterstreiche das passende Wort.

Was glaubst du, warum verhält er sich so?

____

____

Wie fühlt man sich, wenn man sich so verhält?

sorglos, traurig, fröhlich

Unterstreiche das passende Wort.

Die Geschichte geht noch weiter. Welchen Schluss findest du zur Geschichte passend? Umrande ihn farbig.

Oskar war doch nicht vergnügt, sondern er spielte Theater, und Theater macht man nur, wenn man Zuschauer hat.	Oskar war doch nicht vergnügt, sondern wütend, und wütend ist man doch nur, wenn man sehr, sehr traurig ist und nicht aus noch ein weiß.	Oskar war doch nicht vergnügt, sondern er war angriffslustig, und angriffslustig ist man, wenn es einem sehr, sehr langweilig ist.

Hallo Kinder, ich heiße Henri. Ich bin ein Mischling. Wie sich das anhört! Leider bin ich ziemlich klein. Mein Fell ist schwarz-weiß und lockig. Als ich noch ganz jung war, sah ich aus wie eine Lokomotive aus Wolle. Alle Leute sagten: „Ach, bist du aber ein Süßer!“ Meine Pfoten sind schwarz und ich habe einen Schwanz wie ein kleines Schwein, aber ganz buschig. Du kannst ja mal versuchen, mich zu malen!

Wackes ist ein alter Freund von mir und er schuldet mir noch etwas. Da er in Mathematik sehr gut war, wollte ich bei ihm rechnen lernen. Er fing gleich mit dem Unterricht an. „Hier siehst du sechzehn Äpfel und nochmals sieben. Wie viele sind das zusammen?“ Ich zog meine Stirn ganz langsam in Falten und überlegte. „Na, was kommt da raus?“, fragte Wackes. Plötzlich hatte ich die Lösung.

Was meinst du? ______________________________

A B C D E F G H I J K L M N O P Q R S T U V W X Y Z

„Sechzehn plus sieben Äpfel, schoss es aus mir heraus. Endlich hatte ich das Rechnen begriffen, aber Wackes schüttelte mit dem Kopf. „Wir machen das andersrum, vielleicht begreifst du das leichter“, meinte Wackes. „Ist andersrum mit minus?“, fragte ich vorsichtig. Mein Lehrer lachte, dass sein Bauch nur so schwabbelte. „Ja, genauso ist es. Gib Acht! Wenn ich sieben von den sechzehn Äpfeln abziehe, was kommt da heraus?“

Was meinst du? ______________________________

Ich rechnete und rechnete. Dann rief ich freudestrahlend: „Dann habe ich sieben geschälte, nackte Äpfel, die für nichts mehr gut sind, weil alle Vitamine weg sind.“ Wackes gab auf!

Ein paar Tage später traf ich einen anderen Freund, das Füchslein. Das ist ein schlaues Bürschchen, das kann schneller rechnen als ein Taschenrechner. Natürlich war er sofort bereit, mir Unterricht zu geben. „Kennst du eine Uhr? Also das kreisrunde Ding heißt Zifferblatt. Am Rand siehst du in gleichmäßigen Abständen Striche. Und damit machen wir eine Aufgabe. Wenn du um sechs Uhr abfährst und um fünfzehn Uhr ankommst, wie viele Stunden warst du unterwegs?“

Was meinst du? ______________________________

Ich überlegte das wirklich gut. Um Zeit zu gewinnen, stellte ich ihm eine Frage: „Ist es denn nicht wichtig, wohin ich fahre?“

Was meinst du? ☐ ja ☐ nein

„Und noch eins: Ist es ein Bummelzug oder ein Schnellzug?“

Ist diese Frage für die Aufgabe wichtig? ______________________________

Der Fuchs schnappte nach Luft und machte sein Maul so weit auf, als ob er eine Gans auf einmal verschlingen wollte. „Versuchen wir eine andere Aufgabe“, meinte er schließlich etwas verzweifelt. „Wenn man von 1 Uhr bis 6 Uhr schläft, wie viele Stunden sind das?“

Was meinst du? ______________________________

„Ja, das ist eine gute Aufgabe. Ich muss aber noch wissen, an welchem Tag das sein soll“, fragte ich weiter. „Henri, mit dir hat es keinen Sinn. Die Zahlen gehen dir einfach nicht in die Birne. Es hat keinen Zweck mit dir rechnen zu lernen.“

Ist die letzte Frage von Henri sinnvoll? ☐ ja ☐ nein

Henri kann folgende Aufgabe sicher nicht lösen. Aber vielleicht kannst du es: Das Füchslein gab Henri von Montag bis Freitag Rechenunterricht. Jeden Tag stellte er ihm vier Aufgaben.

Frage: ______________________________

Rechnung: ______________________________

Antwort: ______________________________

Endlich war es so weit. Leni und ich durften am Wochenende auf den Reiterhof. Natürlich liefen wir sofort zu den Pferden Flocke und Pünktchen. Die mitgebrachten Möhren waren sofort weg. Die Äpfel ließen sie sich ebenfalls schmecken. „Du, Karin, ich glaube, Pünktchen erkennt mich wieder", rief Leni mir zu. Ich lachte, denn in dem Moment landete Leni unsanft im Gras. Ihr Pünktchen gab ihr einen Schubs. Das hieß so viel wie „Mehr!".

Am Nachmittag wurden die Pferde geputzt und gesattelt. Wir waren ganz aufgeregt. Drei Stunden Ausritt! Herr Bremer, unser Reitlehrer, ritt mit Turbo vorneweg. Dahinter kamen Pünktchen mit Leni und unser Freund Anton auf Fuchs.

Anton hatte gern eine große Klappe. Aber jetzt sah er ziemlich ängstlich aus, denn Fuchs buckelte und schlug mit den Hinterläufen aus. Anton hatte Mühe, oben zu bleiben. „Lass die Zügel länger", rief Herr Bremer Anton zu. „Vielleicht solltest du lieber Fritzchen reiten. Fuchs merkt sofort, dass du Anfänger bist", meinte ich. Wütend entgegnete Anton: „Sieh zu, dass du selber mit Flocke klarkommst." Ich ritt mit Flocke am Schluss. Flocke war nicht einfach zu reiten, denn sie wollte immer die Erste sein. Auf dem harten Feldweg ritten wir im Schritt. Wir fingen an zu traben, als wir in den weichen Waldweg einbogen. Alles ging gut. Flocke blieb brav hinten. „Pass auf, Karin, wenn wir zu den Stoppelfeldern kommen, galoppieren wir. Schau, dass Flocke hinten bleibt", rief Herr Bremer mir zu. Zuerst ging alles gut. Flocke galoppierte brav hinter den anderen her. Ich ließ die Zügel etwas länger. Auf diesen Augenblick hatte Flocke wohl gewartet. Ich hörte nicht, was Anton mir zurief, als ich ihn überholte. Herr Bremer schrie mir etwas zu, als ich auch an ihm vorbeigaloppierte. Flocke war nicht mehr zu bremsen. Ich klammerte mich um ihren Hals. Sie sprang über mehrere Strohballen und hatte ihren Spaß.

Ich bekam Angst! „Der Bach, danach der Weidezaun", dachte ich, „das geht nicht gut." Ich rutschte aus den Steigbügeln. Den Bach übersprang Flocke mühelos und ich blieb oben. „Den Weidezaun schafft sie nicht", murmelte ich ängstlich. Plötzlich sah ich Turbo neben mir. Herr Bremer bekam die Zügel von Flocke zu fassen. Vor dem Zaun kamen wir zum Stehen. Ich zitterte am

A B C D E F G H I J K L M N O P Q R S T U V W X Y Z

ganzen Körper. Nachdem ich mich etwas beruhigt hatte, meinte Herr Bremer: „Beim nächsten Mal nimmst du ein ruhigeres Pferd. Flocke ist noch sehr jung und du auch!“ Ich sah zu Anton hinüber. Zum Glück sagte er nichts. Im Schritt ging es weiter. Wir galoppierten nun nicht mehr.

Wie heißt das Pferd von

Anton: ______________________ Karin: ______________________

Leni: ______________________ Herrn Bremer: ______________________

Gangart der Pferde (Schritt, Trab, Galopp):

Waldweg: ____________ Feldweg: ____________ Stoppelfeld: ____________

Welche Reihenfolge stimmt?

☐ 

☐ 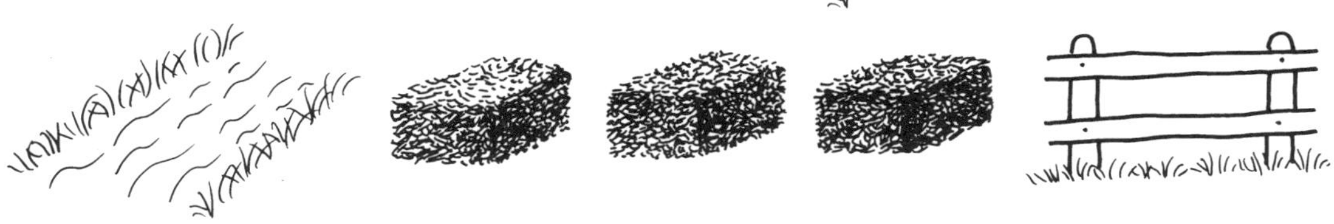

☐ 

Beim nächsten Ausritt reitet Karin:

☐ ein ruhigeres Pferd ☐ Flocke ☐ das Pferd von Leni

Zum Glück sagt Anton nichts zu Karin, als sie nach Hause reiten.
Kannst du erklären, warum?

A B C D E F G H I J K L M N O P Q R S T U V W X Y Z

Im alten Russland lebte einmal ein Bauer allein mit seinem Töchterlein mit dem schönen Namen Maruscha. Sie waren arm, aber sie lebten in Frieden in ihrem kleinen Häuschen. Irgendwann heiratete der Vater jedoch wieder. Für Maruscha begann eine schreckliche Zeit. Von ihrer Stiefmutter wurde sie beschimpft und geschlagen. Sie bekam nur noch Brot und Wasser und war an allem schuld, wenn im Hause etwas nicht in Ordnung war. Der Vater aber glaubte seiner neuen Frau mehr als Maruscha. So durfte das Mädchen irgendwann nicht mehr mit am Tisch sitzen und musste in einer Hofecke ihre trockenen Brotreste essen.

Maruscha weinte immerzu, doch als sie wieder einmal tieftraurig war, hörte sie ein ganz feines, piepsiges Geräusch. Als sie in Richtung der Stimme schaute, sah sie auch schon den Kopf einer kleinen Maus. Diese kroch aus ihrem Loch und setzte sich neben das Mädchen. „Gibst du mir ein paar Brotkrümel, ich habe entsetzlichen Hunger", bettelte der kleine Nager. Natürlich gab Maruscha dem Mäuschen etwas ab. Der Hunger des Winzlings war jedoch so groß, dass bald beide nichts mehr hatten. „Du bist wirklich ein herzensgutes Kind, dass du all dein Brot mit mir geteilt hast. Dafür erzähle ich dir etwas. Was du noch nicht weißt: Die Schwester deiner Stiefmutter ist die klapperdürre, Menschen fressende Hexe Baba Jaga. Sie lebt in einer abgelegenen, einsamen Hütte, die auf drei Hühnerbeinen steht. Wenn sich dem Häuschen jemand nähert, dreht es sich in die Richtung des ankommenden Besuchers. Sei also ganz vorsichtig, wenn du eines Tages dorthin geschickt wirst."

Diese Geschichte konnte Maruscha kaum glauben, doch einige Tage später bekam sie von der Stiefmutter die Anweisung, in den Wald zu ihrer Schwester zu gehen. Dort sollte sie Nadel und Faden holen, damit die Stiefmutter Vaters Hemd flicken konnte. Sie gab dem Kind für den langen Weg noch etwas Brot und Fleisch mit, das sie in ein Handtuch gewickelt hatte.

So machte sich Maruscha auf den beschwerlichen Weg. Nachdem sie eine Weile gelaufen war, machte sie eine Pause und setzte sich auf einen Baumstumpf. Hörte sie richtig? War das nicht wieder die piepsige Stimme des Mäuschens? Tatsächlich, wie vom Himmel gefallen saß es plötzlich neben ihr. „Ja, ja, ich weiß, du sollst zur Hexe Baba Jaga gehen. Sei aber ganz, ganz vorsichtig in allem, was du tust. Denn dieses alte Weib ist wahrhaft ein Ungeheuer. Du erkennst sie sofort an ihrer dürren Knochengestalt, an der krummen Bogennase und an den kohlenschwarzen Augen. Sie hat Hände wie Stacheldraht und Zähne aus Eisen.“ Das Mädchen zitterte vor Angst am ganzen Körper. „Doch du wirst es schon schaffen“, meinte das kleine, graue Wesen. So ging Maruscha immer weiter und immer tiefer in den Wald. Da, plötzlich erblickte sie die wunderliche Hütte, genauso wie sie das Mäuschen beschrieben hatte. Und langsam drehte sich auch die Hütte mit ihrer Eingangstür zu ihr hin. Schritt für Schritt ging sie auf das Gehäuse zu. Der Hofhund knurrte sie an und auch ein alter struppiger Kater fauchte ihr entgegen. Sie warf beiden etwas Brot und ein Stück Fleisch hin und sofort schauten die beiden Vierbeiner schon etwas freundlicher. Das Mädchen klopfte an der Tür und als es „herein“ hörte, trat es in das Zimmer. Was für ein Anblick! Da saß die schrumpelige Knochenhexe und webte an einem Stoff. Ihre Magd schrubbte mit Tränen in den Augen unaufhörlich den Boden. Langsam erhob sich die Hexe von ihrem Stuhl und begann ein teuflisches Gelächter.

Ganz leise sprach sie zu sich: „Ich werde in den Keller gehen, um im Waschkessel Wasser zu kochen. Dann werde ich das Kind hineinwerfen und mir damit eine leckere Mahlzeit bereiten.“ Obwohl die Alte sehr leise sprach, konnte Maruscha die Worte verstehen. Ihre Angst wurde immer größer, doch auf einmal saß der Kater neben ihr. „Du hast mir Gutes zu essen gegeben, ich will dir helfen. Pass auf, die Hexe wird noch einige Zeit im Keller sein, und du solltest sofort von hier weglaufen, damit du schon mal einen Vorsprung hast. Denn die Alte wird dich bald verfolgen. Sobald du sie erblickst, wirf das Handtuch der Länge nach hin und es wird ein breiter, tiefer Fluss entstehen, der sie aufhalten wird. Wenn die Hexe aber das Wasser überwunden hat, wirf den Kamm, den du im Haar trägst, auf den Boden. Aus den Zähnen des Kammes wird ein tiefer, dichter Wald erwachsen.“

Kaum hatte der Kater seine Ratschläge beendet, lief das Kind zur Tür hinaus und immer weiter, immer weiter von der Hütte weg. Nachdem aber Baba Jaga wieder aus dem Keller nach oben gestiegen war, bemerkte sie das Verschwinden des Mädchens. Fauchend und schreiend vor Wut nahm sie sofort die Verfolgung auf. Immer wieder legte Maruscha ihr Ohr auf den Boden, und auf einmal hörte sie ein Zittern und Beben. Schnell breitete sie ihr Handtuch aus, und in Windeseile entstand ein Fluss, sodass die Hexe lange aufgehalten wurde. Es verging eine Zeit, da horchte das Kind wieder am Boden, und wieder hörte es ein Zittern und Beben. Da ließ es den Kamm fallen, und keine Hexe der Welt wäre durch diese Bäume und das Gestrüpp gekommen. Nicht lange danach gelangte Maruscha wieder zu Hause an. Sie erzählte die ganze Geschichte ihrem Vater, der sofort seine Frau mit dem Besen zur Tür hinausjagte. Kaum aber war diese draußen, fand sich das Mäuschen wieder in der Stube ein. „Du sollst es hier gut haben“, sagte Maruscha, „jeden Tag erhältst du von mir ein Stückchen Brot und am Sonntag noch ein Stück Käse dazu.“

Kreuze die richtige Aussage an:

Zeile 1 – 3: Wie war die Familie?

☐ glücklich ☐ zufrieden ☐ arm ☐ reich

Zeile 3 – 9: Wie wurde Maruscha von der Stiefmutter behandelt?

☐ liebevoll ☐ zärtlich ☐ hart ☐ grausam

Zeile 13 – 17: Wie war Maruschas Verhalten gegenüber der Maus?

☐ hilfsbereit ☐ großzügig ☐ unfreundlich ☐ stolz

Zeile 17 – 19 /
Zeile 36 – 38: Wie sah die Hexe Baba Jaga aus?

☐ dick ☐ klapperdürr ☐ Bogennase ☐ Kartoffelnase
☐ Hände wie Schaufeln ☐ Hände wie Stacheldraht ☐ zahnlos
☐ Zähne aus Eisen

Zeile 20 – 22 /
Zeile 40 – 43: Welche Besonderheiten hatte die Hütte von Baba Jaga?

☐ steht auf zwei Hühnerbeinen und kann sich fortbewegen
☐ steht auf drei Hühnerbeinen und kann sich drehen

Zeile 52 – 57: Wie ist die Hexe Baba Jaga?

☐ teuflisch ☐ höflich ☐ hinterlistig ☐ Furcht einflößend

Zeile 59 – 64: Wie verhält sich der Kater gegenüber Maruscha?

☐ dankbar ☐ dumm ☐ ideenlos ☐ klug

Zeile 74 – 81: Mit welchen Mitteln kann Maruscha Baba Jaga aufhalten?

☐ Kopftuch, Besen ☐ Kamm, Handtuch ☐ Bürste, Teppich

Zeile 7 – 8 /
Zeile 82 – 83: Wie verhält sich der Vater zu Beginn der Geschichte?

☐ gerecht ☐ ungerecht

Zeile 77 – 79: Wie verhält sich der Vater zum Schluss?

☐ gerecht ☐ ungerecht

Peter möchte heute mit seinen Freunden Timo und Sven einen Ausflug zur Burg Bröckelstein unternehmen, die in einem tiefen, dunklen Wald liegt. Als sie dort ankommen, betreten sie vorsichtig die verlassenen Gemäuer. In der Eingangshalle sehen sie eine Ritterrüstung, die einen Schlüssel in der Hand hält. Timo nimmt den Schlüssel und sagt: „Wozu dieser Schlüssel wohl gut sein mag?“ Da sieht Sven in der Ecke einen alten, rissigen Tisch, der von Spinnweben bedeckt ist. Auf dem Tisch steht ein eisernes kleines Kästchen mit einem Schloss. Tatsächlich, der Schlüssel passt dazu! Peter dreht ihn langsam herum und hebt den Deckel vorsichtig an. Oh Schreck! In dem Kästchen befindet sich eine kalkweiße Hand. Peter schreit erschrocken: „Was ist denn das?“ Und dann bewegt sich die Hand ganz plötzlich und greift nach Sven.

Der springt mit einem Satz zurück, doch die Hand ist schneller und packt ihn. Peter und Timo sehen schreckensbleich zu. Dann fliegt die Hand mit Sven aus der Halle und verschwindet in den Gängen des Schlosses.

Peter schlottert am ganzen Körper als er zu Timo sagt: „Der arme Sven! Er ist nun ein Opfer dieser unheimlichen weißen Hand. Wir müssen ihn retten!“

Timo denkt das Gleiche und schlägt vor, dass man sich trennt und verschiedene Wege zur Suche einschlägt. Peter nimmt den linken, Timo den rechten Gang. Nach einigen Metern gelangt Timo an eine Tür, öffnet sie, macht ein paar Schritte in den Raum und bekommt einen gewaltigen Schreck als er einen Blick auf die Wand wirft. Dort hängt ein riesiges Bild, auf dem ein Mann dargestellt ist, der nur eine Hand hat. Schnell will Timo das Zimmer wieder verlassen, doch da fällt die Tür zu. „Hilfe! Hilfe!“, schreit er und bemerkt im gleichen Augenblick, dass der Mann auf dem Bild ihn beobachtet. Niemand hört Timos Schreie und der Mann beginnt zu lachen, erst ziemlich leise und dann immer lauter. Timo zittert am ganzen Körper. In diesem Augenblick schwebt die weiße Hand mit einem Schlüsselbund in den Raum und fliegt in das Bild hinein, und der Mann hat wieder zwei Hände. Währenddessen hat Peter den armen Sven in einem düsteren Kellerraum mit Ketten gefesselt gefunden. „Wo ist der Schlüssel für das Kettenschloss?“, fragt er Sven. Dieser sagt ihm, dass die weiße Hand den passenden Schlüssel hat. „Ich komme gleich wieder“, ruft Peter und macht sich auf die Suche nach Timo. Er läuft den Gang zurück, den er gekommen ist, bis er Timos Schreie hört. Peter kann die Tür von außen öffnen und erblickt den zitternden Freund. Gleichzeitig fällt sein Blick auf das Bild mit der weißen Hand und dem Schlüsselbund. Blitzschnell kommt ihm eine Idee. Er läuft in die Eingangshalle zurück, nimmt das Kästchen und greift sich das Schwert der Ritterrüstung. Nun eilt er mit hastigen Schritten zurück und zerschlägt das Bild in mehrere Teile. Schnell hält Timo das Kästchen unter das Bild und die Hand fällt hinein. Peter schließt das Kästchen ab und wirft es in hohem Bogen zum Fenster hinaus. Es landet genau im alten Brunnen, der im Hof des Schlosses steht. Den Schlüssel findet Timo in den Trümmern des Bildes, sodass sie Sven nun befreien können. Das war noch einmal gut gegangen. Trotz allem wollen sie morgen wiederkommen.

Sascha Regolot (9 Jahre)

Lies die Geschichte von der weißen Hand genau durch. Kreuze dann die richtigen Aussagen an. Wenn du die Buchstaben nacheinander in die Kästchen einträgst, erhältst du das Lösungswort.

Du glaubst doch wohl nicht an

□ □ □ □ □ □ □ □ □ □ ?

F □ Peter, Timo und Sven machen einen Ausflug nach Schloss Bröckelstein.
L □ Peter, Tina und Sven machen einen Ausflug nach Burg Bröckelstein.
G □ Peter, Timo und Sven machen einen Ausflug nach Burg Bröckelstein.

E □ Die Burg ist unbewohnt.
S □ Die Burg ist bewohnt.
A □ Die Burg ist ein Museum.

T □ Der Schlüssel passt zum Safe.
S □ Der Schlüssel passt zum Kästchen.
M □ Der Schlüssel passt zur Tischschublade.

N □ Die weiße Hand fliegt mit Timo davon.
P □ Die weiße Hand fliegt mit Sven davon.
O □ Die weiße Hand fliegt mit Peter davon.

S □ An der Decke hängt ein Bild, auf dem ein Mann abgebildet ist.
I □ Der Mann auf dem Bild hat nur ein Auge.
E □ Der Mann auf dem Bild hat nur eine Hand.

N ☐ Sven wird in einem düsteren Keller gefesselt gefunden.
K ☐ Tim wird in einem düsteren Keller gefesselt gefunden.
M ☐ Peter wird in einem düsteren Keller gefesselt gefunden.

S ☐ Peter braucht, um Sven zu befreien, den Schlüssel der weißen Hand.
B ☐ Timo braucht, um Sven zu befreien, den Schlüssel der weißen Hand.
C ☐ Sven braucht, um Peter zu befreien, den Schlüssel der weißen Hand.

T ☐ Peter zerschlägt das Bild. Die weiße Hand wird im Kästchen gefangen gehalten.
U ☐ Peter zerschlägt das Bild und die weiße Hand.
D ☐ Peter zerschlägt die weiße Hand und wirft sie aus dem Fenster.

E ☐ Das Kästchen landet in einem Brunnen.
F ☐ Der Schlüssel landet in einem Brunnen.
V ☐ Schlüssel und Kästchen landen in einem Brunnen.

U ☐ Timo und Peter sprengen die Ketten und befreien Sven.
T ☐ Nachdem der Schlüssel aus dem Fenster geworfen wurde, öffnet sich das Kettenschloss.
R ☐ Der Schlüssel passt zum Kettenschloss und Sven wird befreit.

Jetzt traute der Schwarm sich endlich hinaus ins offene Meer, hinaus in die große Welt der Wunder. Niemand wagte mehr, sie zu belästigen. Im Gegenteil: Selbst die größten Fische nahmen vor dem Schwarm Reißaus. Und so schwimmen viele kleine rote Fische, getarnt als Riesenfisch, immer noch glücklich durch das Meer, und Swimmy fühlt sich in seiner Rolle als wachsames Auge sehr, sehr wohl.

Welche Sätze passen zur Swimmy-Geschichte?
Kreuze an.

- ☐ Ich brauche niemanden, ich komme alleine zurecht.
- ☐ Wir halten zusammen, dann passiert uns nichts.
- ☐ Alleine ist man stark.
- ☐ Ich bin zwar schwach und klein, aber ich weiß mir zu helfen.
- ☐ Zusammen sind wir stark.

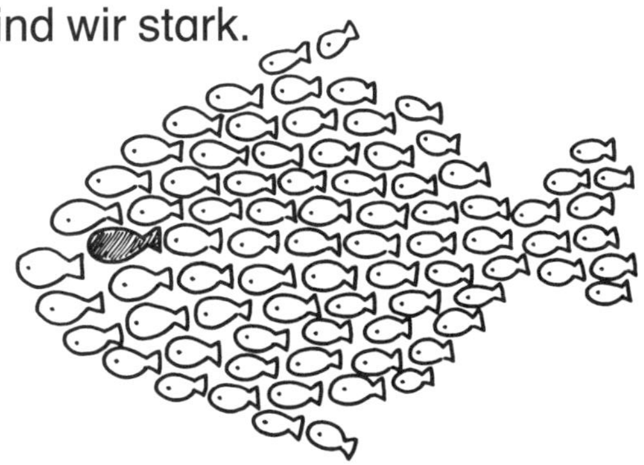

12

Swimmy

von Leo Lionni

Welche Farbe hat Swimmy?
Lies nach auf Seite 2.

Name: ____________

A B C D E F G H I J K L M N O P Q R S T U V W X Y Z

Irgendwo in einer Ecke des Meeres lebte einmal ein Schwarm kleiner, aber glücklicher Fische. Sie waren alle rot. Nur einer von ihnen war schwarz. Schwarz wie die Schale der Miesmuschel. Aber nicht nur in der Farbe unterschied er sich von seinen Schwestern und Brüdern: Er schwamm auch schneller. Sein Name war Swimmy.

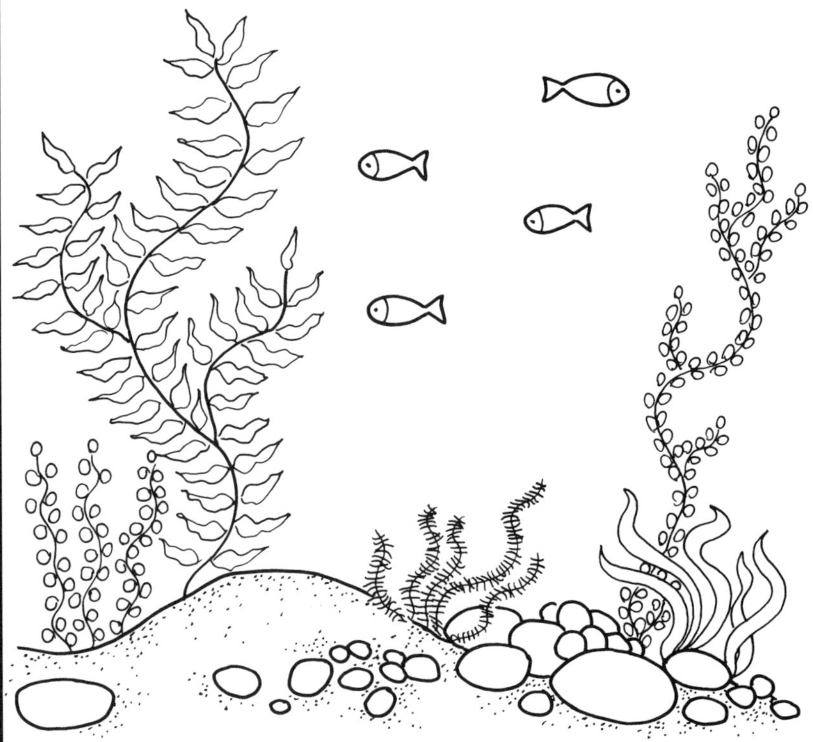

Male einen Schwarm roter Fische.
Male auch Swimmy.

2

Welche Idee hatte Swimmy? Schreibe sie auf.

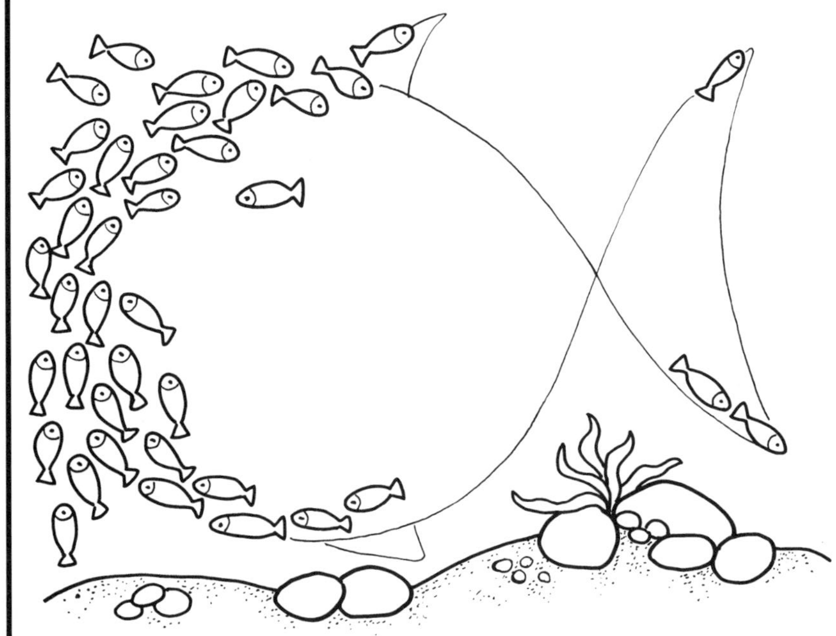

Der große Fisch ist noch nicht fertig.
Wo ist Swimmy?

11

Da Swimmy den kleinen roten Fischen gefiel, befolgten sie seine Anweisungen: Sie bildeten einen Schwarm in einer ganz bestimmten Form. Jedes Fischchen bekam darin seinen Platz zugewiesen. Als der Schwarm diese bestimmte Form angenommen hatte, da war aus vielen kleinen roten Fischen ein großer Fisch geworden, ein Fisch aus Fischen, ein Riesenfisch. Es fehlte dem Fisch nur das Auge. Also sagte Swimmy: „Ich spiele das Auge!" Dann schwamm er als kleines schwarzes Auge im Schwarm mit.

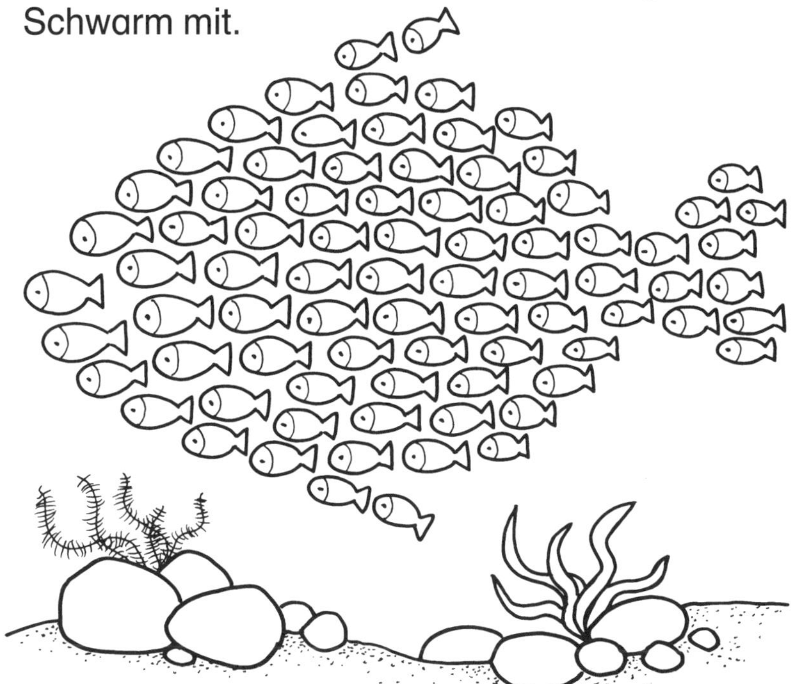

Zeichne Swimmy als Auge.

10

Eines schlimmen Tages kam ein Thunfisch in diese Ecke des Meeres gebraust, ein schneller, grimmiger, überaus hungriger Bursche. Der verschlang alle kleinen roten Fische mit einem einzigen Maulaufreißen. Nur ein Fisch entkam ihm. Das war Swimmy.

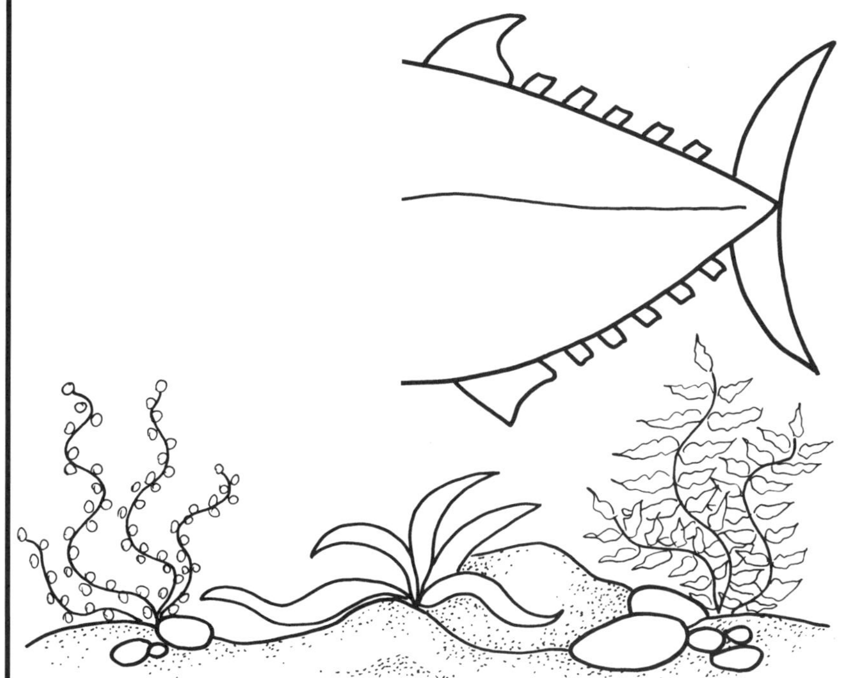

Zeichne den gefährlichen großen Fisch fertig.
Male ihn an.

3

Erschrocken, traurig und einsam wedelte der kleine Swimmy hinaus ins große, große Meer. Nun ist das Meer aber voller wunderbarer Geschöpfe, die Swimmy in seiner heimatlichen Meerecke nie gesehen hatte. Als der große Ozean ihm Wunder um Wunder vorführte, wurde er bald wieder so munter wie ein Fisch im Wasser. (Und ein Fisch im Wasser war er ja; wenn auch nur ein kleiner.)

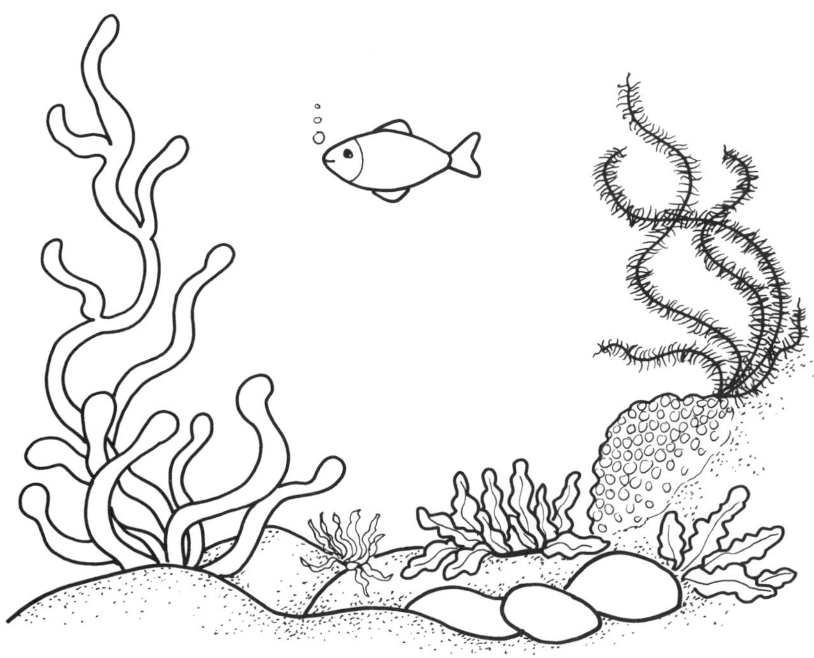

Swimmy weint. Kannst du das malen?

4

Die Antwort der kleinen roten Fische machte Swimmy nachdenklich. Er fand es traurig, dass der Schwarm sich nie hinaus ins offene Meer trauen durfte. „Da musste man sich etwas ausdenken!“, dachte er. Und er dachte nach. Er überlegte und überlegte und überlegte. Und endlich hatte er einen Einfall. „Ich hab's!“, rief er fröhlich. „Lasst uns etwas ausprobieren!“

Hast du eine Idee?

9

Dann jedoch glaubte Swimmy seinen Augen nicht zu trauen: Er sah einen Schwarm kleiner roter Fische. Hätte er nicht gewusst, dass sein eigener Schwarm verschlungen und verschwunden war: Er hätte die Fische für seine Schwestern und Brüder gehalten. „Kommt mit ins große Meer!“ rief er ihnen munter zu. „Ich will euch viele Wunder zeigen!“ „Geht nicht“, antworteten die kleinen roten Fische ängstlich. „Dort würden uns die großen Fische fressen! Wir müssen uns im sicheren Felsenschatten halten.“

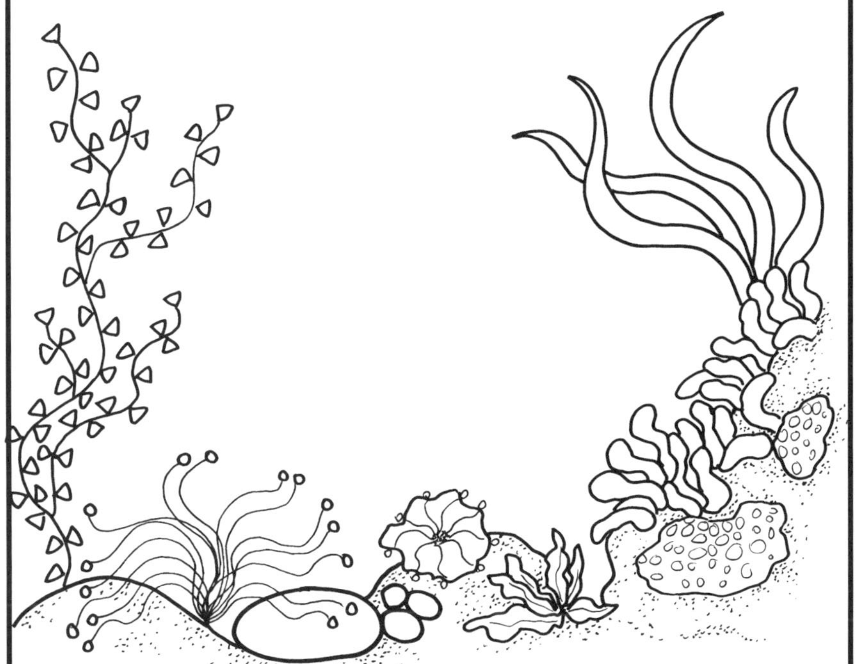

Hier siehst du keinen Schwarm. Male ihn!

8

Zuerst sah Swimmy die Meduse, die Qualle. Er fand sie wunderbar. Sie sah aus, als wäre sie aus Glas, und schillerte in allen Farben des Regenbogens. Dann sah Swimmy eine Art lebenden Schaufelbagger. Das war der Hummer. Gleich darauf schwammen sehr seltsame Fische an ihm vorbei, leise und gleichmäßig, als ob sie von unsichtbaren Fäden gezogen würden. Dem kleinen munteren Swimmy waren sie ein bisschen unheimlich.

Hier fehlen die Unterwasserpflanzen. Male sie dazu.
Die Qualle hat alle Farben des Regenbogens.

5

Bald aber war Swimmy wieder heiter. Er durchschwamm einen prächtigen Märchenwald. Einen Wald aus Meeresalgen, die auf bonbonbunten Felsen wuchsen. Swimmy kam aus dem Staunen nicht heraus. Jetzt nämlich begegnete er dem Aal, der ihm unendlich lang erschien. Als Swimmy endlich wild wedelnd am Kopf des Aales angekommen war, konnte er sich schon nicht mehr an die Schwanzspitze erinnern.

Ein Wunder schloss sich ans andere an. Das nächste waren die See-Anemonen. Sie schwangen in der Strömung sanft hin und her, wie rosa Palmen, vom Wind bewegt.

Male den Aal noch in das Bild.

Welche Farbe hat die See-Anemone?

6

7

A B C D E F G H I J K L M N O P Q R S T U V W X Y Z

Setze das passende Wort ein:

Alle, die den Stein gefunden haben, haben ihn auch wieder verloren. Doch jedem hat er, wenn auch nur für kurze Zeit, ______________ gebracht.
(Freude, Glück, Hoffnung, Ärger, Armut, Schönheit, Pech, Reichtum)

Alle Finder des Steins bewunderten seine Schönheit.

Lies nach und setze die passenden Personen ein:

______________ Der Stein funkelte und glitzerte wie ein Diamant.

______________ Der Stein blitzte im Licht der Sonne wie tausend winzige Sterne.

______________ Er leuchtete wie aus unzähligen Feuern.

______________ Er strahlte wie tausend Lichtblitze.

(Nina, Wanderer, junge Frau, alter Herr)

16

Die Geschichte vom kleinen Stein

Name: ______________

Nina war auf dem Weg zu ihrer besten Freundin. Da, plötzlich glitzerte etwas und traf ihre Augen wie viele kurze Blitze. „Ist der schön“, sagte Nina zu sich und bückte sich, um den Stein aufzuheben. Er blinkte im Licht der Sonne wie tausende winziger Sterne. „Den macht mir Mama sicher an den Saum meines Lieblingsrocks“, dachte Nina. „Dann können alle seine Schönheit bewundern und meine natürlich auch.“

Male den Stein in den Rock.

2

Mittlerweile kannst du dir schon denken, was wieder passierte. Und inzwischen bist du auch sicher schon hinter das Geheimnis des Steins gekommen.
Jedes Mal ging die Sache etwas traurig aus, doch ein bisschen Glück hat das Steinchen jedem gebracht: Jeder hoffte auf etwas, na, das ist doch auch ein Stückchen Glück, oder? Nun muss unsere Geschichte aber noch lange nicht zu Ende sein. Den Stein gab es ja noch, aber wo lag er nur? Wer hat ihn danach noch gefunden? Was haben die Finder mit ihm gemacht? Erzähle, was weiter passiert sein könnte, oder noch besser: du schreibst es auf.

15

Für jeden, der den Stein gefunden hatte, bedeutete er etwas anderes.

Verbinde mit Pfeilen.

Alter Herr	Glücksbringer
Junge Frau	Bewunderung
Nina	Schmuck
Wanderer	Schönheit

Male den Stein in die Krawatte.

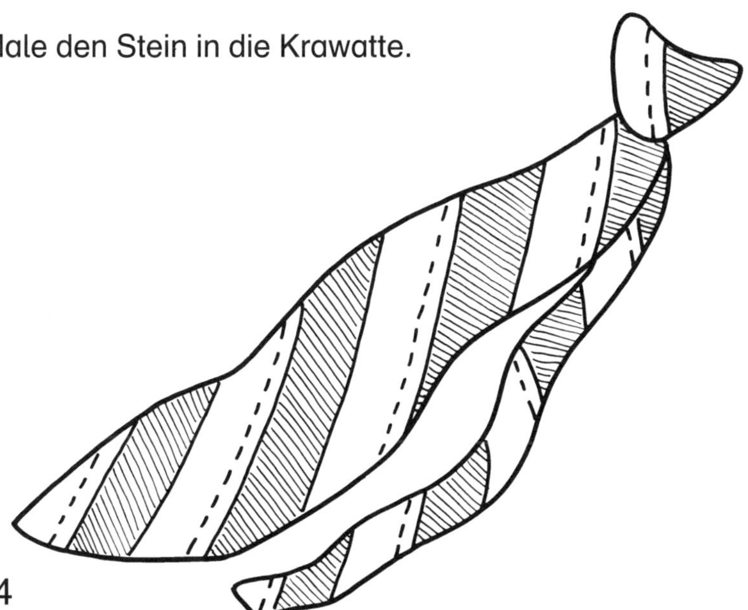

14

Kreuze das Richtige an:

- ☐ Nina war auf dem Weg zu ihrem Freund.
- ☐ Nina war auf dem Weg zur Schule.
- ☐ Nina war auf dem Weg, um eine ihrer besten Freundinnen zu treffen.
- ☐ Nina war auf dem Weg zu ihrer besten Freundin.
- ☐ Der Stein blitzte wie Diamanten.
- ☐ Der Stein blitzte wie riesige Sterne.
- ☐ Der Stein blitzte wie tausend winzige Sterne.
- ☐ Der Stein blitzte wie hunderte kleiner Sterne.

3

Leider dauerte ihre Freude nicht lange. Irgendwann verlor sie ihn wieder und wusste nicht, wo das passierte. Traurig war sie und suchte und suchte, aber sie fand ihn nicht. „Irgendeiner wird ihn finden, so wie ich ihn gefunden habe.“ Und ein paar Tränen kullerten ihr über die Backen.

4

13

A B C D E F G H I J K L M N O P Q R S T U V W X Y Z

Eines Tages entdeckte ihn ein alter Herr. Mit seinem Spazierstock stieß er ihn an und rollte ihn hin und her. Wie immer aber das Steinchen gedreht wurde, es loderte wie aus unzähligen Feuern. Der Mann hob es auf, betrachtete es in seiner Hand und dachte: „Das wird ein schöner Schmuck für meine beste Krawatte. Meine Frau wird das schon hinkriegen."

12

Unterstreiche oder markiere die Wörter, die anders sind als im Text.

Doch dauerte ihre Freude nicht lange. Irgendwo verlor sie den Stein wieder und wusste nicht, wann das passierte. Traurig war Nina und schaute und suchte, aber sie entdeckte ihn nicht. „Irgendwer wird ihn finden, so wie ich ihn gefunden habe." Und ein paar Tränen liefen ihr über die Wangen.

5

„Was blinzelt mich denn da so keck an?“, dachte der Wanderer. „Ist das aber ein hübsches Steinchen“, rief er laut in die Landschaft hinaus. Er konnte sich kaum beruhigen. „Schau mal diesen kleinen funkelnden Stein an. Er glitzert wie ein Diamant!“ Er hob ihn auf, pustete den Staub von ihm ab, putzte ihn mit dem Taschentuch und hielt ihn in die Sonne. „Das ist ja ein ganzes Glitzermeer!“, rief er. „Wie wunderbar, das könnte so ein richtiger Glücksbringer für mich sein!“ Schnell steckte der Wanderer den Stein in seine Geldbörse und ging mit einem glücklichen Lächeln weiter.

Setze die passenden Wörter in die Lücken.

Den Stein wollte sie in ihren ________________ einsetzen lassen. Er sollte ihr ________________ bringen. Doch sie ________________ den Stein wieder. Sie suchte das ganze ________________ und den ________________ ab. Der Stein blieb jedoch ________________.

(Glück, verschollen, Ring, verlor, Haus, Weg)

Male den Stein in den Ring.

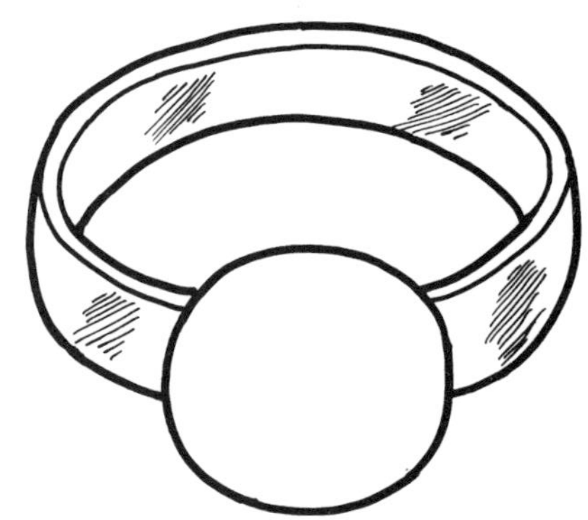

A B C D E F G H I J K L M N O P Q R S T U V W X Y Z

Eines Tages ging eine junge Frau den Weg entlang und wurde plötzlich wie von tausend Lichtblitzen von dem Winzling angestrahlt. Sie beugte sich hinunter, nahm das Steinchen in die Hand, besah es von allen Seiten und hätte vor Freude fast platzen können. „Den werde ich mir vom Goldschmied in meinen Ring setzen lassen. Den Ring haben ja schon viele bewundert, wie wird es wohl erst mit diesem herrlichen Steinchen?“

Aber auch in dem Ring hielt es der Stein nicht lange aus. Verzweifelt suchte die junge Frau ihr ganzes Haus ab, und auch draußen ging sie fast jeden Weg noch einmal ab, den sie in letzter Zeit gegangen war. Alles war vergeblich. Der Stein blieb verschollen.

Bringe die Sätze durch Nummerieren in die richtige Reihenfolge.

- ☐ Er ging mit einem glücklichen Lächeln weiter.
- ☐ Er steckte ihn in seine Geldbörse.
- ☐ Er pustete den Stein ab.
- ☐ Er hielt ihn in die Sonne.
- ☐ Er putzte ihn mit seinem Taschentuch.

Male den Stein in die ....

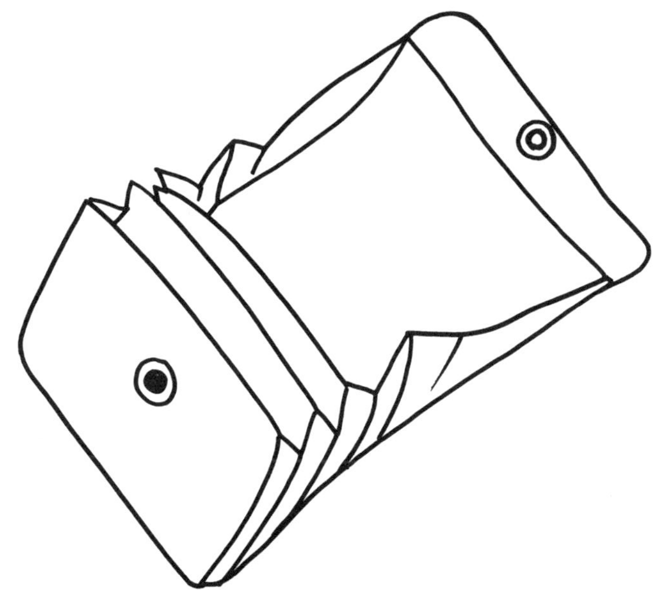

Doch der Wanderer wusste nicht, dass der Stein ein Geheimnis in sich hatte. Denn schon nach ganz kurzer Zeit hatte er das Steinchen wieder verloren. „Von mir aus könnte ja das ganze Geld weg sein“, jammerte er, „aber doch nicht dieses wunderschöne Steinchen.“ Auch er suchte lange nach ihm, doch vergebens. Wo konnte er nur liegen?

8

Wo könnte der Stein liegen? Findest du ihn?
Male ihn an.

Hier eine kleine Hilfe bei der Suche:

- Der Stein ist nicht in der zweiten Reihe von unten.
- Er liegt nicht über der dritten Reihe von oben.
- Er liegt unter der dritten Reihe von unten.
- Er ist in einer Reihe, in der keine Pflanze wächst.
- Er liegt am dritten Stein von rechts.

9

A B C D E F G H I J K L M N O P Q R S T U V W X Y Z

Lese-Puzzle:

Ich lese gerne, | weil ich | Bücher spannend finde.

Aus Büchern | kann man viel | lernen.

Am | liebsten lese | ich | Tiergeschichten.

Ich lasse | mir gerne von | meiner Mutter | vorlesen.

Abenteuerbücher | interessieren | mich | am meisten.

Bei Comics brauche | ich nicht so | viel zu lesen.

ABC-Heft: Die Seiten werden doppelseitig kopiert, geschnitten, gefalzt und getackert. Das Heft ist so konzipiert, dass das Lesen vorrangige Bedeutung hat. Im Anhang findet sich ein Ausschneideblatt zu den ABC-Heft-Seiten 6, 12 und 13.

Seite 4: zu 1. Ente, Erbse, Essig, Esel, Erde

Seite 5: Es folgen auf ein Wort mit „G“ immer zwei Wörter mit „H“.

Seite 7: Krokodil Karl kaut kräftige Knochen.
Klein-Karin kauft Wein und Kuchen.
Lisa läuft als Zwölfte.
Leuchten zwölf Leuchten?

Seite 14: Veilchen, Vogel, Vampir, Vase, Klavier, Vulkan, Vater

AB 1: Lösungen: Pausenbutterbrotpapier
Kinderspielplatzseilschaukel

AB 2: Die Satzabschnitte können von einzelnen Kindern gelesen, aber auch gruppenweise (chorisch) gesprochen werden. Dabei kann ein Metronom die Lesegeschwindigkeit angeben; beim zweiten Durchgang erhöht man die Geschwindigkeit.

AB 4: Die SchülerInnen müssen zunächst den Sinn des Textes verstehen, um die entsprechenden Schlusspunkte setzen zu können. So könnte z.B. der Punkt bei Text 2 („Am See“) nach „Wasser“ gesetzt werden. Jedoch gäbe der nachfolgende Satz so keinen Sinn.

AB 5: Diesen Text flüssig zu erlesen erfordert einige Konzentration. Ein Schüler liest den ersten Satz. Das nächste Kind wiederholt den fett gedruckten Teil und liest den darauf folgenden Satz usw.

AB 6 – 8: Die SchülerInnen sollen die Möglichkeit haben, den Text zu Hause zu üben. In der Schule wird die Geschichte gelesen und die Zeit mit der Stoppuhr festgehalten.

AB 9, 10: Einer Gruppe oder einem Schüler wird AB 9, der anderen Gruppe oder einem anderen Schüler wird AB 10 ausgeteilt. Da die SchülerInnen die „Gegenseite“ nicht mitlesen können, müssen sie anhand ihrer Arbeitsblätter das Gespräch genau mitverfolgen, um zu wissen, wann sie an der Reihe sind.

AB 11 – 13:

Es ist in den gegenübergestellten Texten jeweils nur ein Wort anders. Dadurch ergibt sich ein anderer Sinn oder der Text wird unsinnig.
Die Tabelle auf der folgenden Seite kann den SchülerInnen ausgeteilt werden, wenn sie alle Textabschnitte gelesen haben.

AB 11:	1 AB	reden – beten
	2 AB	wiegt – biegt
AB 12:	3 AB	lobt – tobt
	4 AB	laufen – saufen
AB 13:	5 AB	faucht – raucht
	6 AB	zupfen – rupfen

Texte	beide Texte können stimmen	Text A stimmt	Text B stimmt
1			
2			
3			
4			
5			
6			

Lösungen:

Texte	beide Texte können stimmen	Text A stimmt	Text B stimmt
1	**X**		
2		**X**	
3			**X**
4		**X**	
5	**X**		
6			**X**

AB 14 – 17:

Die Bildergeschichten werden doppelseitig kopiert und an der gestrichelten Linie ausgeschnitten. Danach werden sie in der richtigen Reihenfolge ineinandergelegt und getackert.
Die SchülerInnen erzählen zu den einzelnen Bildern. Eventuell können die Bilder ausgeschnitten und durcheinander aufgeklebt werden. Unter Verwendung einer Folie bringen die Kinder die Bilder in die richtige Reihenfolge und erzählen die gesamte Geschichte. Beim Lesen der Hefte sollen die SchülerInnen die Stellen markieren, die nicht zu den Bildern passen.

AB 18, 19: Zu jedem Zweizeiler passt ein Bild. Die SchülerInnen nummerieren die Bilder anhand der Zweizeiler.

Lösung:

12

6

2

11

13

7

9

1

3

5

8

4

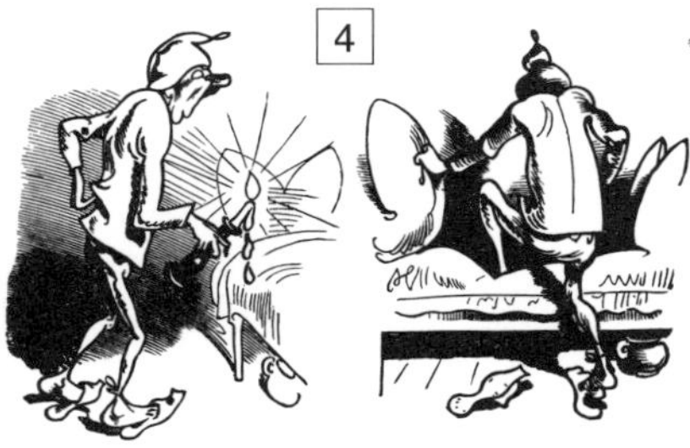

10

AB 20: Die „Kuddelwörter“ werden durch sinnvolle Wörter ersetzt.
Lösung: Das dritte Sprichwort stimmt.
Die Geschichte bietet sicher einen Gesprächsanlass. Die SchülerInnen berichten, wie es zu Hause bei ihnen zugeht. Es könnte die Frage gestellt werden, ob die Kinder der Ansicht sind, dass sich Tims Mutter richtig verhält.

AB 21: Lösung:
1) Florian
2) Adrian
3) Florian
4) Suse
5) Adrian
6) Suse
7) Florian
8) Adrian
9) Suse
10) Adrian
11) Florian
12) Suse
13) Adrian
14) Florian

AB 22: Lösung 1: Brot in der zweiten Reihe von unten
Lösung 2: Schinken in der dritten Reihe von unten

AB 23: Vor der Bearbeitung dieses Arbeitsblattes könnte man mit den SchülerInnen ein Anweisungsdiktat durchführen.
Dazu benötigen die Kinder Buntstifte. Mögliche Lehreranweisungen:
Malt die Haare des Kindes, das sich in der Mitte befindet, braun an. Das Kind rechts davon hat rote Haare. Der Buntstift des Mädchens darunter ist grün usw.

Lösungen:

Monika	Tine	Karin
Karl	Maria	Nina
Paul	Hans	Lisa

AB 24, 25:

				A
			M	
		I		
	R			
P				

Start

AB 26 – 28:

Auch bei diesen Arbeitsblättern geht es um Raum-Lagebezeichnungen. Aus dem recht umfangreichen Text sollen die Informationen herausgelesen werden, die für das Ausfüllen des Arbeitsblattes relevant sind.

Lösung:

AB 29: Den Weg zu verfolgen, ist für die Kinder gar nicht so leicht, da sie die Karte drehen müssen.

Lösung: Der Schatz ist an der Mauer vergraben.

AB 30, 31: Die SchülerInnen sollen aufgrund der Textangaben kontrollieren, ob die Aussagen stimmen. Genaues Lesen ist gefordert!
In die Leerzeile sollen die Kinder ihren Schul- oder Wohnort eintragen.

zu 1: mittwochs: Tarzan oder Casablanca, nicht Tom und Jerry
donnerstags: Turnen für Frauen, nicht Gymnastik
zu 2: mittwochs: Jazztanz, nicht Gymnastik
zu 3: Herr der Ringe läuft samstags.
zu 4: Der Tag der offenen Tür ist am Sonntag.
zu 5: Der Film fängt um 14 Uhr an, nicht um 15 Uhr.
zu 6: Serviettentechnik gibt es am Freitag, nicht mittwochs.

AB 32, 33, 34:

Diese Arbeitsblätter bieten eine schnelle Möglichkeit hinsichtlich der Überprüfung des Leseverständnisses. Sie können je nach Leistungsstand der Klasse schon am Ende des 1. Schuljahres eingesetzt werden.
Bei AB 33 sollten die Märchen von „Rotkäppchen" und „Aschenputtel" den SchülerInnen vertraut sein.

AB 32:

Ja Ein Affe schaut in den Spiegel.
Ja Das Pferd liest ein Buch.
Nein Auf dem Baum sitzt die Maus.
Nein Die Fische haben Propeller.
Nein Der Hase angelt einen Fisch.
Ja Ein Elefant fährt das Auto.
Nein In der Luft fliegt eine Kuh.
Nein Die Kuh frisst Gras auf der Weide.
Ja Auf der Bank schläft ein Esel.
Ja Zwei Strauße wandern mit dem Rucksack.

AB 34: Lösungswort: RICHTIG

AB 35, 36, 37, 38:

Aufgrund der Textinformationen ergänzen die Kinder die Bilder.

AB 40, 41, 42, 43:

Die Witze-Arbeitsblätter können laminiert werden; an den gestrichelten Linien werden die Texte ausgeschnitten.
Die Witze sind durch ihren motivierenden Charakter besonders zur Freiarbeit geeignet.

AB 44 – 50: Diese Texte ergänzen evtl. Themen im Sachunterricht.

AB 44: Es sollen die Unterschiede zwischen Tyrannosaurus-Rex und dem Seismosaurus herausgefunden werden.

	Tyrannosaurus	Seismosaurus
Länge	14 Meter	40 Meter
Größe	6 Meter	X
Gewicht	7 Tonnen	100 Tonnen
Nahrung	Fleisch, Aas	Pflanzen
Besondere Merkmale	bewegte sich aufrecht	langer Schwanz und Hals

AB 45: Lösung:

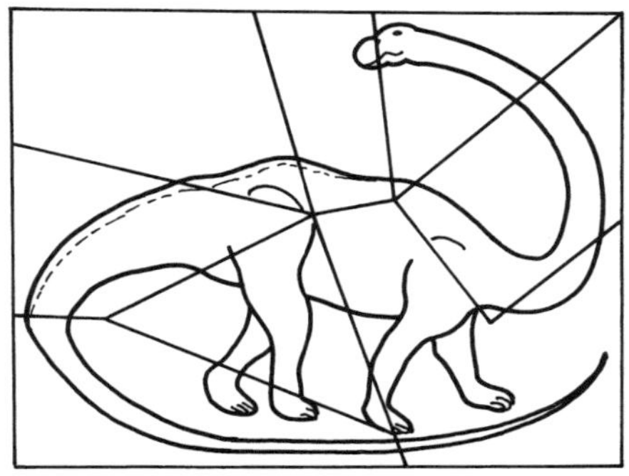

AB 46: Entwicklung eines Tieres: Der Maikäfer

Maikäfer

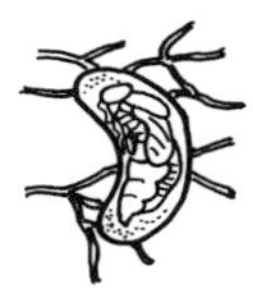

verpuppen

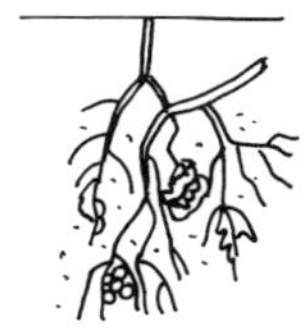

Eier

Engerling

AB 47: Überall ist Luft! Hier geht es darum, einen Text von Max Kruse hinsichtlich dessen, was Luft alles kann, zu untersuchen.

Lösungen:

1 Zeile 5, 6

2 Zeile 7 – 14

3 Zeile 24 – 26

4 Zeile 23

5 X

6 X

7 X

Die Zeilenangaben können aus der Sicht der Kinder unterschiedlich ausfallen. Wichtig ist, dass sie über ihre Angaben Auskunft geben können.

AB 48: Aufgrund unterschiedlicher Informationen sollen Sätze der Maus oder der Katze zugeordnet werden.
Puzzle-Lösung:

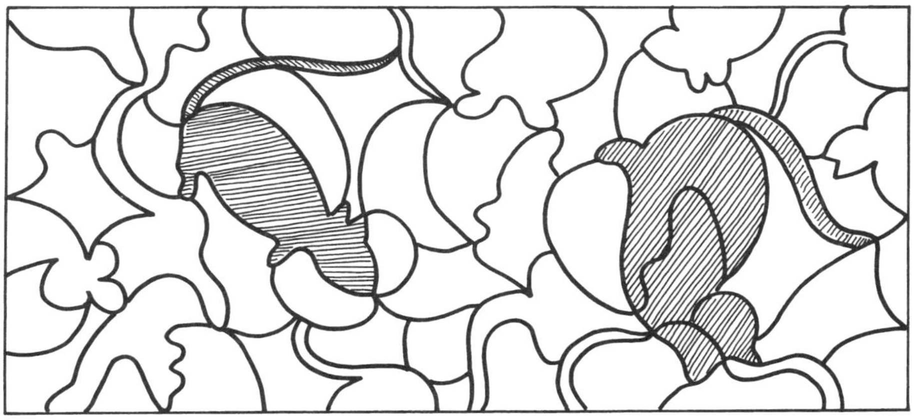

AB 49: Die SchülerInnen sollen erkennen, welche Sinne bei den Aussagen angesprochen werden.
Geruchssinn, Tastsinn, Geschmacksinn, Sehsinn, Gehörsinn, Sehsinn, Tastsinn, Geschmacksinn, Geschmacksinn und Sehsinn, Sehsinn, Tastsinn, Gehörsinn, Tastsinn

AB 50, 51: Welche Gefahren den Augen drohen können, soll mit dem lustigen und zur Übertreibung neigenden Text der Familie Brilli den Kindern nahegebracht werden.

AB 52: Zum Thema „Hören" kann eine Knalltüte gebastelt werden. Die SchülerInnen sollen darauf aufmerksam gemacht werden, dass übertriebene Lautstärke Hörschäden verursachen kann.

AB 53: Unter Verwendung der im Kasten gemachten Angaben sollen die Kinder ein Telefongespräch führen. Welche Angaben hat Heike vergessen?

AB 54: Das Tag- und Nachtspiel macht den SchülerInnnen den theoretischen Teil des Phänomens „Tag und Nacht" auf einfache und nachvollziehbare Weise verständlich.
Lösungswörter: Tag, Nacht, Vollmond, Halbmond

AB 55: Lösungswort: SCHOKOLADE

AB 56 – 59:

Durch ihre Kürze und der damit verbundenen Bedeutung (fast) eines jeden Wortes, fordern lyrische Texte ganz besonders zu sinnentnehmenden Überlegungen heraus.

AB 56: Lösung: Abschnitt 1: Zeilen 1 – 2
Abschnitt 2: Zeilen 3 – 4
Abschnitt 3: Zeilen 5 – 8

Welche Sätze passen zu welchem Abschnitt?
Trage die Zahlen ein.

[3] Wenn ich lese, werden die Figuren lebendig.

[1] In jedem Buch wird eine andere Geschichte erzählt.

[2] In einer Jahreszeit wird am meisten gelesen.

AB 57: Informationsentnahme zu einer Bildgestaltung.
Reihenfolge: Katze, Hund, Maus, Haus, Himmel, Sonne

AB 58: Das Gedicht „Wenn die Nebelfrau kocht“ bietet sich als Einstieg für kleine Versuche über den Nebel an.
Lösungen:
zu 1.: Das Herstellen des Nebels wird erzählt wie ein Hexen- bzw. Zauberspruch.
zu 2.: ausatmet, warme, feuchte, kalte, Wolke
zu 3.: verdunstet, erwärmten, kühlt ab, Nebel

AB 59: Im Gespräch kann erörtert werden, warum häufig Menschen, die sehr unterschiedlich sind, gut miteinander auskommen.

Herr Dickbauch	Frau Dünnebein
süßes Marzipan	Saures
Saxofon	Harfe
schwimmen, tauchen	Berge klettern
Auto	Fahrrad
Morgenkuss	Abendkuss

AB 60 – 64:

Schnuppertexte

AB 60: Diese wunderschöne Geschichte handelt von einem kleinen Riesen, der nicht wächst. Das Buch von Irina Korschunow eignet sich gut als Lektüre zu Beginn des 2. Schuljahres.

AB 61, 62: Die lustige Geschichte handelt von einem kleinen Schlossgespenst, das sich in seinem Schloss einsam fühlt und Mitbewohner sucht.
Das Buch von Mira Lobe kann ab Mitte des 2. Schuljahres gelesen werden.

1.) Das Schlossgespenst flog vom gelben in den roten, in den grünen und blauen Salon.
2.) Das Schlossgespenst schrieb auf die Rückseite eines Bildes.
3.) Es benutzte dazu Holzkohle.
4.) Zum Schluss blieb vom Text übrig: Freund dringend gesucht!
5.) Das Schlossgespenst ist mit dem Text zufrieden und meint: In der Kürze liegt die Würze.

AB 63, 64: Das Buch von Martin Auer ist in kurze Kapitel gegliedert. Es eignet sich zum Vorlesen und Besprechen; als Lektüre gegen Ende des 2. Schuljahres einzusetzen.
Lösungen:
Mutter 1: vorwurfsvoll, meckert, schimpft, predigt
Mutter 2: albern, zu fürsorglich, zu mitleidsvoll, zu sorgenvoll, zu beschützend
Mutter 3: normal

AB 65, 66: Dieses Buch eignet sich als Lektüre am Ende des 2. Schuljahres. Die Geschichte handelt von einem Jungen, der dick ist und immer weiter ausgegrenzt wird. Mithilfe eines kleinen, fiktiven Drachens schafft er es jedoch, seine Probleme zu bewältigen.

AB 67 – 71:

Die Pippi Langstrumpf – Bücher von Astrid Lindgren sind im 2. Schuljahr eher zum Vorlesen gedacht.
Um AB 69/70 zu bearbeiten, kann zuvor der Textauszug AB 67/68 gelesen werden. Die Personenbeschreibung von Pippi Langstrumpf auf AB 71 muss nicht mit der angefangenen Zeichnung ausgeteilt werden. Aufgrund des Textes können die SchülerInnen versuchen, Pippi Langstrumpf entsprechend der Angaben frei zu zeichnen.

C ➔ E
F ➔ D
H ➔ A
B ➔ G

AB 72, 73: Diese Kurzgeschichte der Autorin Ilse von Heyst ist sehr ernsthaft. Sie bietet sicher einige Gesprächsanlässe über Wut, Trauer etc. Sicher werden die Kinder unterschiedliche Schlüsse wählen.
Schluss der Autorin:

> Oskar war doch nicht vergnügt, sondern wütend, und wütend ist man doch nur, wenn man sehr, sehr traurig ist und nicht aus noch ein weiß.

AB 74 – 76:

Henri stellt sich sehr ungeschickt an. Die SchülerInnen lösen anhand des lustigen Textes einfache Sachaufgaben.

AB 77: Das ging noch einmal gut – eine Pferdegeschichte, die vor allem für Mädchen sehr motivierend ist.

AB 79 – 83:

Diese Geschichte ist nacherzählt nach einem russischen Märchen, in dem die Hexe Baba Jaga auf einem Mörser durch die Lüfte reitet und nach Opfern Ausschau hält.

Zeile 1 – 3: zufrieden, arm
Zeile 3 – 9: hart, grausam
Zeile 13 – 17: hilfsbereit, großzügig
Zeile 17 – 19 / 36 – 38: klapperdürr, Bogennase, Hände wie Stacheldraht, Zähne aus Eisen
Zeile 20 – 22 / 40 – 43: steht auf drei Hühnerbeinen und kann sich drehen
Zeile 52 – 57: teuflisch, Furcht einflößend
Zeile 59 – 64: dankbar
Zeile 74 – 81: Kamm, Handtuch
Zeile 7 – 8 / 82 – 83: ungerecht
Wie verhält sich der Vater zum Schluss? – gerecht

AB 84 – 87:

Diese Kurzgeschichte hat ein ehemaliger Schüler von mir, Sascha Regolot, im 4. Schuljahr geschrieben (leicht korrigiert).
Lösung: GESPENSTER

Heft: Swimmy von Leo Lionni
Die Seiten werden doppelseitig kopiert, ineinandergelegt und getackert. Ein Lese-Anmalheft.

Heft: Die Geschichte vom kleinen Stein von Dieter Rehm
Das Heft wird ebenso erstellt wie oben. Ein Leseheft mit Erarbeitungen.

Martin Auer: Von Pechvögeln und Unglücksraben. © Beltz & Gelberg in der Verlagsgruppe Beltz, Weinheim & Basel.

Josef Guggenmos: Meine Bücher. Aus: Das Kunterbunte Kinderbuch, Herder Verlag. © Josef Guggenmos Erben.

Hanna Hanisch: Wenn die Nebelfrau kocht. Aus: Pusteblume Das Lesebuch 3, Schroedel Schulbuch Verlag GmbH Hannover 2004. © Hanna Hanisch Erben.

Ilse von Heyst: Oskar, der Gorilla-Mann. Aus: Ilse von Heyst, Zoogeschichten. © 1988 Loewe Verlag GmbH, Bindlach.

Alfred Könner: Herr Dickbauch und Frau Dünnebein. © Altberliner Verlag 1983.

Irina Korschnow: Hanno malt sich einen Drachen. Mit Zeichnungen von Mary Rahn. © 1978 Deutscher Taschenbuch Verlag, München.

Irina Korschnow: Es muss auch kleine Riesen geben. Mit Bildern von Reinhard Michl. © Deutscher Taschenbuch Verlag, München.

Max Kruse: Von der Luft. Aus: Warum, Deutscher Taschenbuch Verlag, München. © Max Kruse.

Astrid Lindgren: Pippi Langstrumpf. © Verlag Friedrich Oetinger, Hamburg.

Leo Lionni: Swimmy. © Beltz & Gelberg in der Verlagsgruppe Beltz, Weinheim & Basel.

Mira Lobe: Das Schlossgespenst. © 1983 Arena Verlag GmbH, Würzburg.

Sascha Regolot: Die weiße Hand (Text leicht überarbeitet). © Sascha Regolot (9 Jahre).

Dieter Rehm: Die Geschichte vom kleinen Stein. © Dieter Rehm.

Rudi Strahl: Ich male. Aus: Reime, Gedichte und Geschichten für den Kindergarten. © Cornelsen Verlag Berlin.